教育的情调

[加] 马克斯·范梅南 李树英 著
(Max van Manen)
李树英 译

THE TONE OF TEACHING

教育科学出版社
·北京·

教育情调的核心在爱，把爱献给每个孩子，在教育活动中就有了美好的情调。教育情调的表现在情，在教书育人的细微处见真情。欲知教育美好情调的故事，请看范梅南和李树英合著的《教育的情调》。

——顾明远

国家教育咨询委员会委员

北京师范大学资深教授

北京明远教育书院名誉院长

《教育的情调》不只是一本书，它是一份礼物，献给教师、教育学者和学生的礼物。它告诉“教师”，如何带着敏感、机智和爱，进入孩子的世界，敞开孩子生命发展的无限可能，进而“针对不同的个体实施不同的教育行动”，形成一种“对独特性的独特关注”——关注孩子的独特性、情境的独特性、个人生活的独特性。它告知“教育学者”，教育学是一门复杂而细腻的学问，是面向可能性、独特性这一“生命事实”的学问，是面向每一个个体所拥有的不可替代的生命体验、成长体验的学问。它蕴含了一种“教育学的角度”和教育学式的“看”：“保存”、“保全”、“尊重”和“保护”每个孩子的独特体验。它同时也指向一种能力：能积极分辨出对成长中的孩子而言什么适合、什么不适合的能力。它告白“学生”：“你们”每个人都会被“看到”“体贴”和“聆听”，“我们”将会和“你们”共同去行动、实践和创造生活。正是通过这份礼物，此书把教育的可能性、儿童的可能性、教师的可能性与教育学的可能性融为一体。由于有了如此丰富的可能性，我们对孩子、对教师、对教育的未来，以及对教育学的未来，充满了绵绵不绝的盼望……

——李政涛

华东师范大学教授

中文版《教育的情调》连序言和后记仅仅 182 页，却是一部厚重的大书，因为它蕴含着人的生命，辐射着人的温度，散发着人的气息，激荡着人的情感，燃烧着人的思想。

教育智慧不是为了“摆平”“搞定”班级的手段，不是为了“收拾”“制服”学生的“兵法”。只有站在教育人性的高度看教育智慧，我们才能获得真正的大智慧——拥有这样的大智慧，我们的教育才会有真正的“情调”。

这是我读《教育的情调》受到的启迪，也是我郑重向我的教育同行们推荐这本书的原因。

——李镇西

新教育研究院院长、特级教师

这是一本爸爸妈妈、校长老师们都应该读的书。一个个真实的儿童故事，如此似曾相识。天下的故事就好比你我的故事，就好比同一个故事，也好比你我生长过程中坑坑洼洼的各种“调调”。生长不同于成长。当教育者以敏锐的触觉，在关键事件、关键细节中，倾听，观察，用同理心感受儿童，小步子跟进，让教育学的过程始终是“生命在场”的，用积极心理学去关照儿童的“私密空间”，其过程与效果就会变成教育的情调。于是，儿童的成长就在“情调”的导引中实现了，一个个的“调调”，就优美地组合成了婉转悠远的人生河流。

——窦桂梅

清华大学附属小学校长、特级教师

每一位关心儿童和青少年成长的家长与教师都应该养成一种教育的“情调”以及教育的“机智和敏感”。

这种独特的情调和敏感品质在教育研究的文献中少有提及。其中一个原因就是这种品质很难被直接定义出来，但是我们却可以间接地将它描述出来，比如说通过一些教育生活体验的小故事进行描述和反思。《教育的情调》就是这样一部独特的教育作品。它以现象学描述方法向我们展示优秀的父母和教师是如何通过现象学式的“听”、“看”和对具体情境的“关注”来养成和发展这种品质的。这种品质的养成和发展并没有什么高深的理论，也没有什么确定的原则可供我们遵循，而是通过“听”、“看”和“关注”完成的。相信读者读完了这本书，潜移默化的影响就已经发生了。

——卢晓中

华南师范大学教授

每个孩子都是一个世界，教育的情调涉及我们如何习得一种儿童立场，努力以儿童的方式走近孩子的世界，切实地关心孩子，理解孩子，顺应儿童发展的内在可能性去引导儿童、成就儿童。

——刘铁芳

湖南师范大学教育科学学院院长、教授

品读《教育的情调》，全息感受作者教育现象学的情怀和研究行动，不啻为一种饱享学术美餐的生命体验。此书时代性地突显了教育对学生主体性、生命个体、主体间性的觉知与关注，亦将教育的机智与智慧推到了教师教育最重要的前台。在新时代人工智能似乎要取代教师的趋势中，我们愈发觉得教师在培育下一代的使命中有一种无法替代的教和育的作用。

——刘惊铎

国家开放大学教授

教育之爱不是教师的“一厢情愿”，它必须能满足儿童生命成长的需要。儿童需要什么样的爱？教师的爱怎样才能“送达”儿童的心上？这是我们面临的学术难题。

儿童的世界不同于成人世界。成人虽然都从儿童走来，却难以回到并真正理解儿童世界。对教师而言，若不能“走进”儿童世界、理解儿童，就很难说其所表达的教育之爱是儿童所需的。那么，通往儿童生命世界之路何在？《教育的情调》一书为我们“提供”了一条可行的路径，“照亮”了前行的方向。

品读《教育的情调》一书，深感她是关于儿童生命的研究，是在现实生活情境中对儿童生命成长的描述与揭示：她是一面镜子，“照见”了成人是如何与儿童的真实体验与感受“擦肩而过”的；她是一把钥匙，“打开”了成人“走进”儿童生命世界之门；她展示了成人与儿童“打交道”时，如何才能“踏上”儿童的生命“节拍”，给予儿童所需的教育之爱，“奏出”教育情调的美妙乐章。是爱与情调，温暖着、唤醒着读者的心。

——刘　慧

首都师范大学初等教育学院院长、教授

序

教育爱的真解与实现

——阅读《教育的情调》的美好体验

檀传宝

范梅南（Max van Manen）、李树英（Shuying Sean Li）教授合著的《教育的情调》（*The Tone of Teaching*）中文版即将付梓，好朋友李树英教授命我写序。我一方面觉得压力很大，因为自己对于教育现象学并无深入学习，只是读过范梅南教授送我的几本著作，无论怎么写都是班门弄斧；另一方面，我又觉得应当当仁不让，因为我和范梅南、李树英两位教授确有某些美好而难得的“机缘”。

第一个也是最重要的机缘，当属当代教育现象学重要代表、加拿大阿尔伯塔大学教育学教授范梅南应我之邀来北京师范大学公民与道德教育研究中心访问并发表演讲（2004 年 6 月 2 日）。这是范梅南教授对中国的首次访问，也正是这次访问，直接促成或开启了一批中国教育学者对教育现象学的长期关注、集中研究。今天中国已有一大批教育现象学的研究者，越来越多教育实践工作者也已能从范梅南的研究中直接汲取丰富的营养，这次访问可谓功莫大焉。至于李树英教授则是我南京师范大学的校友，其硕士研究生导师还是我攻读博士学位阶段的专业外语课老师。这些年树英兄在加拿大以及中国香港、澳门和内地的许多有关教育现象学的学术活动中都与我有交集。由于李教授是范梅南的亲传弟子（范梅南指导过的博士生），故我一直视他为在教育现象学这一领域得到“真传”的中国本土化研究的推动者。总之，我对于教育现象学既非常陌生，又十分熟悉。说陌生，是因为如前所述没有太深入的研究；而说熟悉，不仅是因为范梅南、李树英是我的好朋友，我也读过《教学机智》《儿童的秘密》等几本范梅南的书，也是因为教育现象学在表达方式上追求具象、体验、感性，这对于一直有文学情结的我来说尤显亲切。可以这样说：己亥年（2019 年）春节的假期生活中我最美好的体验之一，就是静静阅读范梅南、李树英合著的这本《教育的情调》。

这种如饮甘泉般的阅读体验给了身为教育理论工作者和“孩子们”老师的我诸多珍贵启发。其中最重要者，可以归纳为如下三点。

第一，教育与教育爱不可有须臾的分离。《教育的情调》并没有直接提出“教育爱”这一概念，却对这一概念及其教育意义做出了最好的诠释。比如，范梅南主张，学校应当被孩子们视为“我们的学校”，而“老师决不能像一个过路人、一个警察或一个朋友那样看孩子。老师必须以教育学的眼光看孩子。这就是说，作为一个保护、培养孩子的观察者，老师要意识到正在成长的孩子的存在”，并且要让孩子感受到老师们的“在”。而这就要求我们关注孩子，给孩子希望，更开放、更宽容地与孩子相处，等等。总之，教育爱意味着教育者对于学生道德与人道方面的责任，以及合乎每一个儿童个体发展实际的教育性陪伴。与此相反，现代社会某些人已经将“抚养孩子变成了一项自私、自恋的事业”。“有些父母（和老师）人虽在场，但是心却不在，他们早已沉溺在自私的需求和欲望中了。”“成年人忽视孩子，对他们的话充耳不闻，惊吓、辱骂、虐待他们，否定、抛弃他们，这实在令人悲哀。”

第二，教育的敏感性和机智无比重要。《教育的情调》开宗明义的第一章在讨论校长应当如何处置一个调皮的学生时即指出：“一位机智的教育管理人员知道什么该说而什么不该说，什么该提而什么不该提。教育的敏感性和机智是教育管理人员进入孩子的体验世界的能力。”其实，关于“知道什么该说而什么不该说，什么该提而什么不该提”的“教育的敏感性和机智”，对于所有教育工作者而言都是确保对于孩子的“教育爱”之有效实现以及教育独特性的不二法门——“教育是一种与人相处的学问，一种成年人与孩子相处的学问，所以从这个意义上说，教育的智慧和敏感性比教育的技术性更加重要。”而一旦缺少这种教育的敏感性和机智，所谓的“教育”就极可能变成一种对孩子的实质性“伤害”。

第三，好的教育一定离不开教育学反思。《教育的情调》十分生动、深入地解释了诸多教育智慧（对孩子好奇心、可能性以及个人秘密体验的保护，所教学科与教学行为的物我两忘，以及爱护与纪律的平衡处置，等等），从而得出了对于教育工作者而言“教育学指向的是一种能积极地分辨出对成长中的孩子而言什么适合、什么不适合的能力”的重要结论。鉴于教育现象学特别强调“智慧的教育者”应当形成“一种对独特性的独特关注”，“关注孩子的独特性、情境的独特性和个人生活的独特性”，教育工作者就必须保持对教育行为的经常性反思，以确保对特定教育情境的敏感性以及对特定个体所做的教育安排的适切性。也正是由于这种教育学反思的匮乏，当代教育生活中有太多的人正“以危险的抽象方式思考和谈论孩子”，“对他们进行分组、分类、筛选、衡量和管理，并以原先设想好的方法去回应他们”！

总之，《教育的情调》不仅给人以丰富的教育学智慧启迪，而且其“描述性写作”也给人以与好朋友闲聊一般美好、亲切的阅读体验，真正做到了作者所言的：现象学研究“对生活世界保持关注，从生活现象开始，从日常生活中鲜活的生活体验开始，回到事物本身，保持一种现象学的生活态度”。

《教育的情调》的英文原著本就是范梅南教育现象学的成名作、代表作，出版后不仅很快成为北美许多教育学院本科生和研究生的专业参考书，更受到广大一线教师的欢迎，曾经一时洛阳纸贵。如今推出的这本中文版，已不再是对英文原著的简单翻译。作为两位作者的合著，其最突出的特色是在原著原创性贡献的基础上加入了李树英教授基于中国情境的教育现象学研究成果，有了真正意义上的“中国本土”元素。再加上教育现象学探索所固有的日常教育生活反思的深刻性，以及两位作者“现象学写作”在表达风格上的生动、优美，我坚信：给人以深刻启迪、美好体验的《教育的情调》，必将成为许多教育学研究者、教育工作者，尤其是有志于成为真正意义上的教育家的一线教育工作者（包括父母）的枕边书。

2019 年 2 月 14、15 日，于京师园三乐居

目录

教育的敏感和机智

作为教育者，无论我们的举动多么充满善意，我们的言语和行动所表达的情境仍然可能与孩子体验到的那种情境根本就对不上号。

教 育 者

有一天放学时，一位老师看见两个男孩正在往门锁里填塞木片，也许他们以为，这样就可以在晚上溜进学校。第二天早晨，校长找来其中一个男孩，但他拒绝说出他的伙伴的名字。于是，校长生气了，告诉男孩，他的破坏行为是一种犯罪行为，任何一个孩子破坏公物都会给纳税人增加额外的负担，这是绝对不能被容忍的。男孩最终因不与校方合作而被罚停课五天。

对一个拒绝当“告密者”的十三岁男孩我们还能做点什么呢？不了了之，随他去吗？那可不明智。但是试图对一个信奉其个人处事原则的小男孩讲私人财产和公众善行的价值则更是徒劳。

首先，这里有一个教育问题需要解答：孩子觉得他自己处在什么样的情境中？或者，更深一层：孩子是如何体验这种情境的？作为教育者，无论我们的举动多么充满善意，我们的言语和行动所表达的情境仍然可能与孩子体验到的那种情境根本就对不上号。学校管理人员不是经理，不是警察，也不是法官。他们首先应该是教育者。因此，他们应该这样想：这个男孩遭遇了什么？这件事与他的生活有什么关系？对他来说这意味着什么？我应该说什么、怎么做才能让他从这件事中获得教育？我如何才能给这个孩子适合他年龄的成长空间？我该如何教育他，才能使他成长为一个有责任感的成年人？

我们这样设想一下：校长正坐在他的办公桌后忙这忙那，满脸正式又严肃的表情。男孩被带了进来，在他面前站定，等待着发落。校长抬起头瞧了一下，用一副学校负责人的口吻问道："你就是那个损坏学校门锁的同学吗？"男孩也许会挑战似地点一下头或是默不作声。于是校长低头继续干他手上的活，男孩还那样站着。时间一点一点地过去。校长给了这个男孩几分钟的时间去反省。像这样一直站着等待对这个男孩来说是怎样一种体验呢？这会对男孩产生积极的还是消极的影响？那得看校长是怎样的一个人了。他是学校的上帝吗？站在上帝面前等待的体验又是怎样的？

或者，校长这样说可能会更好一些："你看，我知道你不想说出你朋友的名字。但是我又不能让你就这么走了。毕竟，这是我们的学校……"但这还要看"我们的学校"对这个男孩意味着什么，还有他最初为什么想要闯进学校。一位机智的教育管理人员知道什么该说而什么不该说，什么该提而什么不该提。教育的敏感性和机智是教育管理人员进入孩子的体验世界的能力。

心理医生

小丹尼的家在北方的一个采矿小镇上。现在他正在离家三百公里远的一个诊所里。房间里光线充足，诊所里的人让小丹尼在一张桌子的一边坐下，桌子上除了一个大盒子什么都没有。过了一会儿，一个大块头的男人走了进来，他从小丹尼身边穿过，然后迅速地坐了下来，这个男人就是小丹尼的心理医生。医生的助手把小丹尼的母亲和祖父带到了单面镜的另一边。小丹尼五岁了，他的大脑发育好像比较迟缓。今天他将要在这家位于大城市的诊所里接受一系列的诊断测试。

桌子上的盒子里装着测试材料。小丹尼对这点一无所知，因为盒子太高了，他根本看不见里面。实际上他对心理医生从盒子里拿出来的材料一点儿兴趣也没有。他看上去很不舒服，他起先低声地抽泣，后来开始放声大哭。很显然他不会立刻停止哭泣，因此心理医生把材料又放回了盒子。这个魁梧的男人一边跟小丹尼说不要哭，一边开始写着什么。同时，他一直在看他面前的表。总之，小丹尼非常伤心，但是心理医生并没有试着去安慰他。这位心理医生后来解释说，他不想打断小丹尼对当时情境的反应，他只是认真记下了小丹尼哭泣的时间和强度。

另有一位心理医生同小丹尼的母亲和祖父坐在房间的另一边。在小丹尼哭泣了将近十分钟之后，这位医生再也不能忍受放任孩子独自伤心了。她走进房间把小丹尼抱起来放在自己腿上，小丹尼这才逐渐停止哭泣并平静下来。

这究竟是怎么回事呢？事情本来是可以以另一种方

式进行的。心理医生本可以牵着这个五岁男孩的手说："来呀，咱们进去吧，看看他们有没有为我们准备一些玩具。"然后，他们可以一起走进房间看个究竟。如果这是一个让孩子感到友好的环境，他们就可以一起观看墙上的图片并开始互相了解。一旦他们相处得融洽了，孩子就可以把注意力转向盒子。心理医生可以用诱导性的提示带领孩子去发现，在如此吸引人的一个大盒子里究竟装着什么。他们两个会共同发现一些玩具，甚至可以坐在地板上一起玩耍。

当然，还可以做得更好（也许更重要）——如果把一些观察工作放在孩子的家里做，那么心理医生就不仅能"测试"孩子，还能了解他的成长环境、他的家庭氛围，以及他的日常生活。在孩子自己家里，让孩子和他熟悉的玩具或其他东西在一起，许多测试会更容易进行。这样，随后所谓的"诊断性"测试就会变成心理医生理解孩子的一种途径，以帮他探寻如何帮助孩子在成长中获得积极的体验。

然而，在那家位于大城市的诊所里，事情又是怎样的呢？那位心理医生沉浸于关于儿童成长的研究文献中，熟练地运用诊断工具，精确地写出科学报告——一位彻头彻尾的临床医生。他诊断过数以百计的孩子。但是，他似乎对小丹尼此时此地的体验一点儿也不敏感、不在意：陌生的房间，大块头的男人，旁边还有个盒子，妈妈和爷爷走开了，只留下我一个人。这位医生忽视了一个最基本的问题：孩子会怎样体验这样的情境呢？这位专业人士拥有很多的临床“知识”，但却缺乏“敏感性”——一种周全的、充分体贴他人的思想。这样的思想是一种特殊的知识。

父 母 亲

“我真的很想听你练习小提琴。”一位母亲说道。这是一个令人尴尬的情境。练琴对孩子和母亲来说本应是一种十分惬意的体验，可此刻却变成了一种纯粹的义务。母亲那含着期待的声音里已经夹带了一丝失望。每天都这么重复着。母亲在问自己：“为什么这个孩子就不能表现出一些激情，不能对我的全心奉献表示感激呢？”

但是孩子还听出了别的东西。母亲要他满怀热情地练习小提琴，但很显然，母亲也不是真的喜欢小提琴，让孩子练琴只是她的日常工作之一。一到指定的时间，母亲就像例行公事一样地说："该练琴了。"练习小提琴是这位母亲和孩子之间的一个契约。练琴还没有开始，两个人就都在心里希望早点结束。很快，孩子就问道："妈妈，我累了，我能等会儿再练吗？"于是，小提琴被搁置一旁。没有什么比一个人不情愿地拿着令他觉得不自在的乐器更让人难受的了。

孩子对情绪和气氛的每一点变化都很敏感。显然，这个家庭对一起演奏音乐并不感兴趣。母亲生气地说："够了，就这样吧。我也受够你的态度了。要不我们把你的小提琴卖掉吧，或者把它送给那些知道怎么欣赏音乐的孩子。"

在附近的另一个家庭里，一位父亲从琴盒里拿出大提琴，兴致盎然地调着琴弦。看得出来，他的动作透着耐心和专业的严谨，没有丝毫忙乱。这是段特殊的时间，是演奏前的准备阶段，是兴之所至的时刻。一首舒缓的曲子从大提琴中传出。这不是在告诉你该练琴了，而是一种诱人的邀请。房间里飘荡着动听的音乐，演奏者的身体也随着音乐摇摆。

麦克走进房间凝视着，聆听着，微笑着。然后，他打开他的小提琴盒，拿起小提琴放到他的下巴和肩膀之间，随着大提琴的旋律开始了演奏，音色和谐、音调悠扬。显然，这个五岁的孩子找到了他父亲所演奏旋律的切入点。父亲笑了，带着惊喜。很好，这正是他所期望的：他为此仔细挑选了适中的和弦。很快，曲调变换了，这样的配合又来了一次。孩子体验着他们演奏的圆润、丰满和完美的融合。“来，这样试试。对，在 E 弦上。”

在这种情况下，我们已经很难区分一起演奏音乐究竟是习惯使然还是在进行训练了。常规练习的内容可以很好地融进习惯之中，单纯的练习现在已被体验为一种愉悦身心的探索实践。它振奋了人的情绪。常规的训练不仅变成了一种自发的、熟悉的惯例，而且带来了一些新的东西：悦耳和谐的音调滋养着身心。

从培养孩子的教育学角度来看，这些例子向我们说明了什么？很简单：教育学是一门复杂而细腻的学问。教育学指向的是一种能积极地分辨出对成长中的孩子而言什么适合、什么不适合的能力。我们很难说这里存在着一些具体的规定或一般性的原则。一些成年人认为自己对待孩子的方式非常恰当，而另一些人则经常为如何与孩子相处而感到手足无措。区别并不在于前者比其他人读过更多的有关父母养育或教育孩子的书。阅读有关教育的著作虽然能给我们带来重要的知识，但是那些知识是外在的，它并不能使我们在与年轻人的日常相处中变得更善于思考或更富有机智。

培养和提高一个人的教育敏感性和教育机智就是在迎接这样一种挑战——针对不同的个体实施不同的教育行动。智慧的教育者形成了一种对独特性的独特关注，他们关注孩子的独特性、情境的独特性和个人生活的独特性。

每一个孩子都具有独特性。当我们注意到这一点的时候，它就能引发我们的思考。

有两个人沿着海岸步行，他们注意到一种奇怪的现象：沙滩上到处是被海水冲上岸的海星，不少已经死了。烈日将它们窒息在泥泞的沙滩上。剩下的海星还在用它们的臂膀拨开灼热的沙子，以延缓无可逃避的死亡。“可怕的景象，”一个人说，“但这就是自然界。”这时，他的朋友已经弯下身，小心地察看着一个海星，并把它捡了起来。“你在干什么?”第一个人问,“你不觉得这样无济于事吗?只帮助一个是没有用的!”“但对这一个来说是有用的。”他的朋友说,并且不断地把海星捡起来送回大海。

教育的敏感性和机智是一种特殊的才能,它与我们为人处世的方式有关。它是一种既来自心灵也来自头脑的知识。我们可以设想一下之前例子中的母亲正在向那位拉大提琴的父亲抱怨。那位父亲对她说:“你为什么不来一起歌唱或一起演奏呢?”现在设想这位母亲真心接受了那位父亲的建议。这样做会有效果吗?我们能说的不过就是“可能会有吧”。我们无法预知成功。世间没有两个一模一样的孩子,孩子们也不可能用完全相同的方式去体验相同的情境。更重要的是:这位母亲能像那位父亲一样营造出让人乐于参与的氛围吗?这其中蕴含着一种非常脆弱和微妙的区别。不幸的(或许也是值得庆幸的)是,没有一条明确的规则可以确保我们获得恰当的教育敏感性和机智。

我们需要有针对性地观察、聆听具体情境中的某个具体的孩子或某群具体的孩子,和他或他们进行互动，给予他或他们反馈，进而培育和保持教育的敏感性和机智。有了丰厚的思想基础，我们和孩子们相处的敏感性和机智才会不断地提高。

了解孩子充满可能性的世界

孩子们在他们的生活探索中，向我们展示出生活里那些丰沛的希望和多姿多彩的可能性，以及生活必将更加美好的愿景。我又一次抓住了我自己生活的希望。

孩子不是为我们而活着的，我们却为他们而活着。他们的降临给我们带来了一件礼物：体验可能性。孩子之所以是孩子，就是因为他们在成长，在体验着生命，同时也在体验着生活的各种可能性。父母和老师扮演着教育者的角色，有意识地向孩子们展示生活中各种可能的存在方式。如果他们能意识到成年本身也是一个永未完成的成长过程的话，他们就会这样做。生活永远在质疑我们此时此刻的生活情形：这就是我的生活吗？我应该这样来度过光阴吗？没有人能比一个孩子更强烈地、更经常地提醒我们思考这些问题了。所有这一切都要求我们去观察、去倾听孩子，并向他们学习。从这个角度说，孩子是我们的老师。

作为老师和父母，我们非常愿意向孩子们敞开心扉。这说明我们在尽最大的努力去了解一个孩子对世界的体验究竟是什么。具体地说，我们在尽自己最大的努力去了解这个孩子的情境，去了解这个孩子是如何体验他的生活的。

与自己的学生或孩子相伴是一种很亲密的行为，弄不好容易带来伤害。比如说小乔伊和他的祖父母。

小乔伊四岁了，他的祖父母住在一个很远的地方。他们自然想尽可能多地利用每次和小乔伊的相聚来加深感情，即便去访友也不例外。所以在去看另一位亲戚的时候，他们把小乔伊也带上宽敞锃亮的小轿车。小乔伊很兴奋。仪表盘上有许多按钮，他看到许多新鲜玩意儿，有许多的问题要问。“奶奶，那是什么建筑？”“快看那只狗！”“爷爷，这个按钮是做什么用的？”

但是他的祖父和祖母对他的问题充耳不闻。他们正忙着谈话，只是偶尔回应一下小乔伊，比如给他一颗糖果，安慰一下他，让他有事可做。小乔伊的话他们根本就没有听。他们喜欢带着他，但是他们又没有与小乔伊亲密地互动。回家后，小乔伊出奇地安静，在不断追问之后他才说："没人和我玩儿。"

在与一个孩子共同生活的日子里，我无可避免地成为一个榜样。作为一个成年人，我向他展示了生活中各种具体的生活方式。我看见他学习我的手势，模仿我观察和做事的行为、我对事物的反应方式以及我消磨时间的方式，等等。当我看见这些时，我对自己产生了怀疑：我是否希望我的孩子这样做事和生活？如果答案是否定的，那么，这些是我自己想要的行为方式吗？我希望自己成为这样的人吗？

从历史和文化的角度看，在这个世界上生存和生活有许多的可能性。孩子们从学校、媒体、邻居和我们的行为中感受着这一切。但是，他们必须经过亲身的探索、选择和行动才能发现自己的独特性和个性。我们如何将这些可能性展示给他们？什么样的世界才值得我们去展示？我们不能仅仅期待孩子们去发现生活，我们也要允许他们去行动、去实践、去创造生活。

这样，孩子们就成了我们的老师。当他们尝试着种种可能性的时候，我意识到对我自己来说这些可能性也依然存在。关于教育学可能性的体验证明了一个存在着的事实，那就是，孩子们让我们感到我们又年轻了。孩子们在他们的生活探索中，向我们展示出生活里那些丰沛的希望和多姿多彩的可能性，以及生活必将更加美好的愿景。我又一次抓住了我自己生活的希望。

对一些人来说，抚养孩子变成了一项自私、自恋的事业。有些父母（和老师）人虽在场，但是心却不在，他们早已沉溺在自私的需求和欲望中了。也有些父母（和老师）的生活似乎与他们孩子的生活和兴趣产生了竞争与冲突。成年人忽视孩子，对他们的话充耳不闻，惊吓、辱骂、虐待他们，否定、抛弃他们，这实在令人悲哀。对这些成年人最大的惩罚大概莫过于终身的懊悔和永久的遗憾，他们太专注于自己的事情而丢弃了去亲身体验与自己孩子亲密接触的机会。而他们的孩子可能需要用此后自己的全部人生来找寻他们凌乱的童年记忆。

关爱孩子的父母（和老师）能体验到由于孩子的出现而萌发出的生活的希望。这里存在着一个看似自相矛盾的点。我体验到孩子的生活比我自己的更重要，而其结果则是我必须更仔细地审视自己的生活。我必须质疑并改造自己的生活。在我有这个孩子之前，如果我愿意的话，我可以放纵自己的不良习惯，我可以完全无视他人的深层需要自顾自地生活。但是因为我和这个孩子在一起并且我爱他，我再也不能像以前一样安逸地生活了。对孩子的教育已转化为自我教育。

有些教育者相信他们自己的教育是完美的。他们可能会试图把一套自认为正确的信念和价值观强加给孩子。不可避免地，这样的“教育”变成了一种压迫与操纵的教育学——一种成年人对孩子的独裁统治。在“完美”教育者看来，孩子们是不完美的，所以没有必要去倾听孩子们的话，更遑论去向孩子们学习了。

孩子好奇的体验

真正的好奇不是问好多好多的问题。我真正感到好奇，是在所问的问题以某种方式返回我这里，或是当问题被沉寂，好奇的沉寂缠绕和包裹着的时候。

“那是什么?”当一个初学走路的孩子开始对这个世界发问的时候，成年人太容易曲解“那是什么”这个问题了。“那是什么?”马克指着一辆驶过的小汽车问。父母也许会答道：“马克，你知道的呀，那当然是一辆小汽车啦。”小汽车、卡车和公共汽车是马克最初学会的一些词。小孩子们对他们日常生活中熟悉的事物提问“那是什么”是非常正常的。在探究事物名称的体验中，孩子们探究并形成了与这个世界的关系。在这一过程中他们进一步接触世界，并使之成为他们自己的世界。

询问事物的名称是一项很有意义的人类活动。提问“那是什么”不只是想知道一个简单的名字而已。问问题的孩子期待得到更多——期待成年人谈谈这个世界。

提问“那是什么”是想得到一个空间去对话，去思考，去好奇，去惊讶。因此成年人不应只是简单地告诉孩子他所指的东西是什么，还应该详细讲述那个物体区别于其他物体的不同方面。

的确，询问某事物的名称不只是学着称呼它。在命名的过程中，这个事物对我们有了意义。为某事物取名是去了解那个事物到底是什么、它有什么共性和个性的开始。在了解事物名称的过程中，我们和事物建立起一种新的亲密关系，我们开始在周围的世界中认知我们“自己”。有那么一首使我快乐的歌曲，有那么一段使我忧伤的旋律。

孩子天生地几乎对每个事物都感到好奇。而成年人需要去了解孩子好奇心的本质。我们应该怎样回答一个孩子的问题呢？人们常常批评学校扼杀了孩子天生的好奇心，扼杀了孩子学习的兴趣：这些东西是什么？为什么会这样？它们是怎么来的？同时，好奇心就真的那么好吗？什么样的好奇心应该受到鼓励呢？

本对昆虫有非常大的兴趣，作为一个五岁的孩子，他已经知道得相当多了。他和父亲经常去小河边或森林里收集昆虫，然后通过显微镜观察它们。本的父亲是一位科学家。不久，本的朋友们都知道了他懂得很多科学知识。“如果你想要了解昆虫，那么去问本吧。”

克里斯也对昆虫感兴趣，他是本的好朋友。但是有时克里斯会对本的行为感到失望。几天前他们在后院里发现了一只毛毛虫，本走上去一脚踩死了它。昨天下午克里斯和本在外面玩儿，他们看到了一只大蜘蛛，懒洋洋的，一动不动。本飞奔进屋，拿来一瓶胶水，把胶水滴到可怜的蜘蛛身上。然后他又把胶水滴到一只甲虫和一些蚂蚁身上。那天夜里，克里斯梦见蜘蛛和甲虫向他求救，还有许许多多垂死的蚂蚁。

很明显，本和克里斯是以不同的方式去“认识”昆虫的。值得注意的是，从教育学的角度看，这些不同的方式在很小的时候就已得到强化。对本来说，蜘蛛、甲虫、毛毛虫、蚂蚁只是些被收集或分类的生物。它们确实很有趣，但是本对它们缺乏深层次的兴趣。他知道一只蜘蛛身上有多少条腿，甲虫的身体由什么构成，毛毛虫是如何化茧成蝶的，蚂蚁的身形与强壮程度有什么关系。对本来说，世界尽是些客观事实；然而，对克里斯来说，小生物的世界却充满了神秘的现象。他们的区别就是，本正在忘却孩童时期天性中的一些东西：提问的能力，以及对自然界的敬畏和尊重。

好奇的孩子总在问问题，问一些不可思议的问题。什么动物长得最大？哪种动物跑得最快？拉断一只蜘蛛的腿会怎么样？天空中一共有多少颗星星？超人怎么能如此强大？然而，拥有非凡好奇心的孩子可能不是那个不停问问题的孩子，倒有可能是那个偶尔才会问一个问题的孩子。这个世界上存在一种早熟的好奇心，它只偶然出现而且十分肤浅，它几乎对孩子适宜的成长没有作用。

当成年人过急地催促孩子了解对他们来说还为时尚早的事物时，就出现了早熟的问题，一个早熟的孩子知道了太多对他这个年龄来说本应悬而未决的或模糊的问题的答案。一个早熟的孩子懂的非常多，或者至少看上去懂的非常多。而事实上，他或她只是知道了许多问题的答案而已，而且这其中的绝大多数根本不是他们最初真正想知道的问题。早熟孩子的大部分问题是一闪而过的问题，它们的出现并非源于全神贯注，并非源于真正的兴趣。相反，这样的好奇心只是蛙跳般地四处闪动：

此刻感兴趣的问题迅即被下一刻的兴趣所代替。

一个不那么有好奇心的孩子可能已经从成年人那儿得到了一个错误的结论：问题止于答案。这样的孩子提问时像是在做一种游戏，一种把问题置于死地，最终能找到答案的游戏。至少在理论上每个问题都有一个答案，这种看法给我们带来一种安全感，就好像在这世界上我们体验着的事物都固定在了坚实的大地上，每个问题最起码都能在自然秩序和规律中找到答案一样。然而，这种安全感是错误的。

面对孩子们的提问，成年人应当尽可能地帮助他们保持活跃的思维，而不是很快给他们一个简单的答案。我想知道太阳为什么这么热。我想知道地球是怎么造出来的。我想知道我是从哪儿来的。我想知道为什么树叶会变色，然后从树上掉下来。每一个问题都值得去慢慢思考。真正的好奇不是问好多好多的问题。我真正感到好奇，是在所问的问题以某种方式返回我这里，或是当问题被沉寂，好奇的沉寂缠绕和包裹着的时候。

有意义的学习通常始于好奇心。但好奇能被传授吗？我们能给孩子带来好奇吗？一个人能使自己充满好奇吗？或是当我们敞开心扉时，好奇能像恩惠一样被赐给我们吗？

有的事情似乎是与好奇一起孕育的。一天深夜，我将我的两个孩子带进了这种令人好奇的氛围。我们旅行时经过加拿大一片黑漆漆、空荡荡的大草原，然后我们开始注意到一种奇怪的现象，好像黑暗正从陆地上升起，一些无形的大手正在交叉着拉起天空中透明的幕布。这是北极光的景象。我停下了汽车，我们从车里出来。我们就那样沉浸在那片广阔的天地里！四周漆黑一片，无际的苍穹铺展在遥远的星光之上。在我们头顶上，北极光划破漆黑深远的夜空，将一个真正的令人难以置信的奇观展现在我们面前。

令我惊讶的是，在这个神奇的时刻我的孩子们竟让人难以置信的平静。我想我已经给了他们一个真正能让人感到好奇的机会。我们被璀璨壮丽、星光闪耀的天空包围着，这正是深刻体验好奇的时刻。事实上，我感到好奇压倒了一切。我想我们周围的宇宙万物中一定有深远的奥秘。注视天空的人正同时体验着被远处事物注视的奇怪感觉，就像一个人盯着镜子看一样。在这种极端的反射作用下，一个人注视自己如同注视一个神秘的陌生人，从而陷入沉思：我是谁？我在哪里？我为什么会在这儿？然而，这些问题是没有答案的，它们需要你将你的视线移开。

事后，当我问起他们对这一体验的印象时，他们认为那是相当“美妙的”。但令人惊讶的是，他们对讨论其他一些相关的事情更感兴趣。诸如：如果一个人在黑暗中，我会害怕吗？我们停车的附近会有狼吗？你听到路边草丛中的沙沙声了吗？那会是什么呢？假如它跳到我们身上了呢？那时我们该怎么做？如果让我们永远待在那片黑暗中，又会怎么样呢？是的，我们有许多不错的话题，但是我意识到我没有能够成功地帮助我的孩子们去体验北极光真正神奇的那一刻。

尽管这样，这里还是存在着教育学上的好奇的。孩子们为他们自己感受到的好奇而激动不已。然而让他们感到好奇的事物却完全难倒了我。我将视线投向天空，我的孩子们则直接将视线投向黑夜。当黑夜回头注视他们时，他们似乎已经感受到了它那令人惊悸的美丽。

也许好奇是一种只能被间接引导的聚精会神的状态。一位善于思索的家长或一位教育有方的老师不必是一个能够构造或控制孩子的每种可能体验的人。但是一位有思想的教育者应该是一个善于抓住问题并且能用浅显的方式去深化它的人。

“我和麦克讨论过好多次那些让他关心和着迷的问题。”他的幼儿园老师这样说，“今天早上他问：‘地球是从哪里来的？’我告诉他关于这个问题人类已经思考了很长时间，然后我给他讲了一些关于这个问题人们认为有可能是答案的故事。我希望他继续保持对这个问题的思考，而不是给他一个固定的答案。”

什么才是能够回答孩子问题的好故事呢？一个好的故事不会机械地让孩子认识现代科学发现的自然规律，孩子们提问时想要的并不一定是对自然现象的解释。“树叶为什么会变颜色？”回答这个问题有许多的方式：“它是大自然运作的一种方式，说明树需要休息了。”“在冬天到来之前，秋叶使世界变得美丽了。”“你看，在变了颜色的落叶中散步，闻着落叶的味道，是多么美好的事啊！”对一个具体的孩子而言，一个合适的答案就是一个属于他的故事。一个能提供答案的好故事会使孩子一直保持提问的兴趣。一位富有机智的教育者会让孩子一直保持提问的兴趣。

从教育学的角度看孩子

我们如何看一个孩子和我们看到什么取决于我们和这个孩子的关系。

一位家长或老师是如何看孩子的？有没有一种独特的教育学视角，使之有别于其他人看孩子的方式呢？也许，这是个奇怪的问题。看是一种感官行为，我们不都是用同样的方式来看孩子的吗？举个例子来说，一个孩子在跳绳或画画，我们看到的会是同样的身形、同样的动作。

但是我们从来就不会单纯地看任何事。我们如何去看和看到什么取决于我们是怎样的一个人和我们存在于这个世界上的方式。我们如何看一个孩子和我们看到什么取决于我们和这个孩子的关系。

我看见一个孩子在街上跳绳，于是我停了下来，脸上带着微笑。我看到了充满青春活力的弹跳，绳子随着口令有节奏地跳动——也许正与记忆中的节奏一样。我记得这个节奏，时间没有改变它。当孩子停下来的时候，我仍然能感觉到我双腿的跳动。我的心中充满了遗憾。我多么希望能重返母校的操场啊！但这时我醒悟过来，我度过童年时代的地方已在千里之外。我能忆起它，但要再见到它原来的样子却不大可能了。我离开这个孩子继续散步。我看见了一个孩子、一根绳子和一场游戏，此情此景使我感觉到我的脚跟着绳子的节拍一起跳动，这一切结束后，遗憾和回忆包裹着我，带着这些体验，我继续漫步。

老师看见黛安娜在跳绳，而他看到的就比一个过路人看到的要多，因为他认识黛安娜有一年多了。黛安娜在远离其他孩子的地方跳绳，他想知道怎样才能使黛安娜成为他们中的一员。黛安娜在他们班上是成绩最好的，但是她的成绩并非缘自她的绝顶聪明，而是用令老师觉得悲哀和可怕的热情获得的。她有一位过分“望女成凤”的母亲，一位想要有个天才女儿的母亲。黛安娜遵照她母亲的意思去做了，但她的老师认为她是以孩童时代的快乐为代价赢得母亲欢心的。老师看着黛安娜跳绳，他注意到黛安娜跳绳时的紧张与其他孩子表现出的放松构成了鲜明的对比，这与她每次做作业、考试时因渴望成功而表现出来的紧张是一样的。黛安娜更像是在行军而不是在跳绳。

老师还看见黛安娜的眼睛转向了正在一起跳一根长绳的六个女孩。其中的一个女孩回头看了黛安娜一眼，并向她招手示意她过去。黛安娜突然停了下来，绳子打到了她的脚跟，她回头朝学校的大门跑去。

老师看到了什么呢？一个孤独的女孩，这个女孩经常以竞争的标准来衡量自己，只能以此来维系与同学们的联系。如果她能够拥有自己的成长、发展空间，发展自己的社交兴趣，而不是她母亲的，该多好啊！老师对此抱有很大希望，因为在黛安娜的眼睛中他捕捉到一种渴望——一种被同学接受的渴望。谁知道呢，某些教育的机智说不定可以促成黛安娜去和朋友们分享自己的生活空间。

我们来比较一下过路人看一个跳绳的女孩和老师观察黛安娜的不同方式。老师对孩子的生活有一种教育学上的兴趣。他站在教育学的角度，情不自禁地把这个孩子看成一个独特的个体，一个正在自我塑造和成长的人。

从专业的角度去看孩子蕴含着一种危险。儿童心理学家、教学顾问、课程开发者、校长、学校里的心理咨询专家、评估专家和术业有专攻的教授们都在以危险的抽象方式思考和谈论孩子，把他们分门别类。关于儿童"科学"的理论化的语言很容易使我们忽视每个孩子的独特性，转而注意他们共同的特征，进而对他们进行分组、分类、筛选、衡量和管理，并以原先设想好的方法去回应他们。

一旦我称一个孩子具有"注意力缺陷障碍"（attention deficit disorder），一旦我认为一个孩子有"行为问题"或是一个"低能儿"，一旦我称某人拥有一种具体的"学习方式"、一种特殊的"认知模式"，我就想立刻拿出写满了专业诀窍的文件包，试图从中找出一种具体的技术方法、一种行为疗法或医学疗法来对付这个孩子。这时，我实际上忘记了去认真地聆听和观察这个特殊的孩子。相反，我用分门别类的语言把孩子分了类，这种语言像真正的监狱一样将孩子限制起来。用技术的、诊断性的或工具性的语言来把孩子们分类，实际上是对孩子们的一种精神上的放弃。

老师也是孩子的观察者，但这并不意味着老师会完全不受其人生观的影响而“单纯地”看孩子。一个不能对自己看孩子的方式进行反思的人是不能充分地观察孩子的。我这里所说的是，老师决不能像一个过路人、一个警察或一个朋友那样看孩子。老师必须以教育学的眼光看孩子。这就是说，作为一个保护、培养孩子的观察者，老师要意识到正在成长的孩子的存在。

黛安娜正在操场上跳绳，老师静静地看着她，希望自己能使她在学业成绩和个人生活上更加和谐。老师在思考一种能对黛安娜行之有效的方法。

老师对孩子的成长有一种理解，在这种理解中，约束和保留、亲近和疏远同时存在。一方面，他或她必须小心地观察和照料孩子，此时就需要全身心的投入。另一方面，老师必须观察孩子所有领域的局限性和可能性，此时就需要有所保留和保持距离。

老师以一种特殊的方式牵挂着孩子，某些方面像父母，但又与父母很不相同。老师像父母一样，关心孩子的成长、发展和学习。但在对孩子身心的全面成长保持关注的同时，老师对孩子成长的某些方面怀有特别的兴趣。为了展示某个标准或规范，教育者运用他们的影响力帮助孩子们从他们自己的兴趣中增长见识。

从某种意义上说，成年人和孩子之间最个人化的关系就是父母对子女的养育关系。一个男人成为一位父亲，学会了用一位父亲的眼光和父亲的形象去看他的孩子。其他任何人能像一位父亲所做的那样，用同样的方式看一个孩子吗？母亲眼神的天性又是什么呢？其他任何人能用一位母亲的方式看她的孩子吗？

只有父亲和母亲才能真正地用父亲和母亲的眼光看待和照料他们的孩子。但是，老师也和孩子产生了非常个人化的关系。同时，一种距离使老师成为一个特殊的教育观察者。通过了解孩子，老师避免了对他或她仅做一些表面的判断。“看”这个词和“保存”“保全”“尊重”“保护”有词源上的联系。老师非常亲近地，同时又保持一定距离地用心照看着孩子。

每个孩子都需要被“看到”

每次相遇的时候，与世界的其他关联都被轻轻切断，留下的是人与人之间的诚恳的接触。当我们以双手或笑脸回应对方的时候，我们共同创造和分享着这段时空。

每个孩子都需要被别人注意。被别人注意是指“为人所知”。[英文“注意”（notice）一词起源于拉丁语nocere，即知道。]

麦　克

麦克冲向幼儿园的门，对他来说最好的地方就是学校了。他的父亲隔着几步跟在他后面，看着他使劲儿地推开沉重的门。麦克走进教室时老师正站在讲桌旁和一位家长说话。麦克很快到了她身边，眼睛发着光，他带了东西要给老师看，要和老师分享。“老师老师，你看谁来了。”但是老师太忙了，没有注意到麦克和其他孩子正在进入教室。

麦克的父亲有些不安，他以前就注意到此类事情了。昨天，当麦克拉着老师的衣服说再见的时候，她正忙着和一位家长说话，没有理麦克。大多数孩子从老师身边径直走过去，脱掉他们的外套，挂在指定的地方。有些孩子像麦克一样，在她旁边停下来，但没有得到任何回应。现在，麦克已经放弃了引起她注意的念头，正忙着脱掉自己的外套。“麦克再见。”他父亲说，向他眨眨眼，“等会儿见呀，玩儿得开心。”

马　克

马克在另一所幼儿园，他的父亲知道他是个害羞的孩子，也跟在他后面进入学校。教室的门大开着，老师站在门口，她亲热地和马克握握手，和蔼地点点头。“马克早上好。”她注意到马克正拿着一本书要给她看，而且想要说些什么，她立刻表示出很大的兴趣。马克眼中充满了快乐和希望。

马克的父亲注意到一位家长正站在老师身后，显然在等着和她谈论什么。但是像以往一样，老师首先做的是全身心地关注每个走进教室的孩子。每天放学时老师也是这么做的，她和每个孩子一一握手并给予每个孩子一个恰如其分的评价，她通过一些特殊的方式赋予了这一天特别的意义。

截然不同吗？我想是的。偶尔不同吗？好像不是。如果说麦克的老师对她班上的孩子视而不见，那未免对这位老师有点太苛刻了。但是马克的老师不仅仅“看到”了她的孩子们，也让孩子们完全体验到了被“看到”的感觉。被“看到”不仅仅是被认出来。对一个孩子而言，那意味着被老师“看到”的感觉，意味着被承认是一个存在着的人、一个独立的人和一个成长中的人。当然，并不是所有的“看到”都具有这样的意义，常常被老师用教育学的眼光“看到”的孩子是幸运的。

一位真正的老师知道该如何去“看”孩子——注意一个害羞的表情，注意一种情绪的流露，注意一种期待的心情。真正地“看”不仅仅是用眼睛看。当我带着责任感“看”一个孩子的时候，我会用我的全部身心去“看”他。当我用我的手势、用我侧着的头、用我的身心去“看”孩子们如何开始这一天的时候，孩子们也就体会到了被老师“看到”的感觉。所以，每一天开始或结束时真正地去“看”一个孩子就是在特定的时间和空间里给他或她以重视。

这样的老师知道，对每个孩子而言，学校里的每个日子都是一个特定的整体，被赋予了一种色彩、一些意义。学校里的日子是不会重复的。每天和每个孩子握两次手看起来像是个麻烦的仪式，事实上另外的老师可能会用温暖的微笑和话语问候每个孩子。但是无论问候的方式是有形的握手还是口头的示意，老师都在努力接近每个孩子。然而，老师很容易在没有努力接近每个孩子的情况下就让一天结束了。对于一些安静、“好相处”的孩子，老师甚至可能很长一段时间都不去尝试接近他们。

同样地，那些难相处的或“成问题”的孩子的一些令人烦扰的行为，往往与这些孩子希望受到关注的心理需求相关。尤其在综合性的大型中学里，很多学生从这个班级到那个班级，从这个学年到那个学年，却从没有被老师真正“看到”过。对于这些学生，老师知道得太少，也没有什么可说的。大型教育机构里的一些老师每天要对数百个年轻人负责，这样的情形导致老师只能用技术性的教育行为去与孩子接触。那些老师即便试图去激发学生的兴趣，也很少有机会去发现他们的学生是如何体验兴趣的。这样的老师是没有教徒的教长。他们很少对自己的学生做真正的“家访”。

自然地，问候和道别的意义也远远超出了礼节形式本身。这种做法的价值在于，它定下了人与人之间关系与位置的基调。握手给老师提供了一种感受孩子的方式——从形式到内容。好的老师能够感受并分辨出这是一次害羞的握手、一次胆怯的握手，还是一次充满活力的握手，能分辨出这个孩子是心不在焉，还是充满自信。好的老师知道该如何巧妙地回应：该提及什么，该回避什么，该注意什么。

握手和口头问候的时刻是老师与孩子彼此面对面的时刻。每次相遇的时候，与世界的其他关联都被轻轻切断，留下的是人与人之间的诚恳的接触。当我们以双手或笑脸回应对方的时候，我们共同创造和分享着这段时空。微笑可以作为一个公开的邀请，让我们在目光相遇的瞬间彼此为对方而存在。同样地，一天结束时的道别沟通着我们对这一天的感受，它提供了一个对刚刚过去的一天进行简短的检查和回顾的机会。

老师可以用这样一句引人深思的话来使这一天更加意味深长，如：“玛丽亚，你今天对肯恩帮助很大。”“珍妮，我们都很爱听你今天讲的那个精彩的故事。”“杰森，你今天完成的工作量令我非常惊讶。”“大卫再见，别忘了给我们看你写的书呀。”

表扬和肯定的重要性

表扬孩子既可能带来积极的结果，也可能带来消极的结果。表扬应该是有意义的，而不应该是不加区别地给予的。

在十多年的读书生涯中，有不少老师教过我英语，他们上课都有自己的风格，都给我留下了深刻的印象，其中最使我难忘的是初中二年级的英语老师朱老师。

朱老师是一位很漂亮、很和蔼的女老师。在初一的时候，我对英语并没有什么感觉，到了初二我却渐渐喜欢上了英语，每天都盼望着英语课的到来。跟以前相比，我上课专心多了，做作业认真多了，回答问题也积极多了。这些朱老师都看在眼里。后来的一次英语考试，真令我终生难忘。

那是一次英语单元测试，我感觉考得很顺利，除了有一个单词漏写了一个字母外，几乎可以得满分。试卷发下来一看，竟是满分。朱老师在班上表扬了我，说我真厉害，进步这么快，还希望全班同学向我学习。当时我的心里就跟喝了蜜糖一样甜，这是对我的肯定，也是对我的最高赞赏。其实，朱老师并不是没发现我的错误，因为她在错误的单词下画了横线，并把漏掉的字母写出来了。她之所以这么做是为了鼓励我。我心里多么感激朱老师啊！她的这种激励促使我在以后的英语学习中更加努力，更加认真，更加细心。

这个现象并不奇怪，孩子们讲述的许多故事常常与被赞许、被注意和感觉特别有关。老师对分数的宽容和有意义的赞赏给了孩子一种奇特的激励和永久的动力。在教室里给予孩子鼓励和肯定是老师最常用的教育方式之一，这意味着我们为某件事称赞、重视和尊敬某个人。而且，蕴含支持的表扬能够帮助孩子建立自尊。但是显然，给予表扬不是没有风险的。

老师们要懂得，表扬孩子既可能带来积极的结果，也可能带来消极的结果。表扬应该是有意义的，而不应该是不加区别地给予的。因为，表扬给得太轻易或太随意都可能使它失去意义。尽管许多孩子因为各种各样的原因值得被表扬，但有时可能只有一个孩子或少数几个孩子因为表现出色而应受到表扬。正是由于这个原因，表扬中包含着重重困难的选择。

老师总想肯定所有的孩子，尤其是那些付出了很大努力的孩子，但是，所有的实践都表明，平等地表扬每一个人往往会弄巧成拙。甚至有时老师想要表扬某一个孩子，却无意识地把这个孩子推向了一种尴尬的情境。下面来看看一个孩子是如何描述这种情境的：

杰克森先生怒气冲冲地发泄着他的失望。他大声嚷嚷着，表达着对学生们在学科测验上所犯的错误的惊愕。“我的上帝，我给你们这些人讲的课有这么差吗？我知道你们的脑子没有问题。还有，你，文迪……？肯恩……？你们都怎么啦？”

显然，他不是真正地想要一个答案，而且也没有人想要回答。全班静得可怕，没有人敢开玩笑。绝大多数学生都不及格或接近不及格，只有两三位学生超过了60分。杰克森先生在教室里来回走着，宣泄着他的愤懑和嫌恶，他像是为了论证似地将试卷放在每个学生的面前，好像这太难以置信了，好像还要一一核实。绝大多数学生看上去非常羞愧。我很担心，快轮到我了，我觉得愧疚极了。毁灭崩溃的情绪在全班弥漫。我试图在心里告诉自己：“这不是世界末日，下次我会做得更好。”

老师终于走到了我的课桌前，他停了下来，并且突然改变了音调。

如此戏剧性的转变震惊了全班的每一个人，所有人的眼睛都注视着我。老师的脸上放出光彩，我听到他用夸奖的语调说："感谢上帝，你们中间终于有一个人理解了我在讲什么，希望还没有完全破灭……"

他把我的试卷举过头顶挥舞着，像挥舞着一面愚蠢的旗子，然后庄重地把它递到我手中。"太好了，莎拉，没有一个错误，一个漂亮的满分！"

我简直无法保持镇静。我做了最坏的打算，却成了成绩最好的。不需要镜子我也知道我的脸已经通红。教室里仍然静得出奇，没有人发出一丁点儿声音，老师走回教室的前面。

我还是低着头，盯着我的试卷。我抑制不住地露出一丝笑意。如释重负吗？虚荣心吗？还是窘迫？我不敢看我的朋友们，我不相信自己的眼睛。

为什么在应该感觉自己很聪明的时候我反而感觉自己特别愚蠢？

看起来这是一个有关耻辱（整个班级）和光荣（某一个孩子）的故事。老师把某一个孩子挑出来进行表扬，但是这个孩子却感到了困惑。看来老师一种积极的表示（表扬一个好孩子）也会带来潜在的矛盾。让我们从教育学的角度思考：这位老师的行为适当吗？受到表扬和肯定的体验应该是什么呢？

从字面上说，得到赏识（受到表扬）就是得到别人的认可。有人肯定了我也就是肯定了我的存在，肯定了我是个有生命的个体。这不同于在一条繁忙的街道上忽然注意到某个人。得到肯定和表扬不可避免地与自我认同交织在一起，而自我认同是在“做自己与自我的形成”、在“我是谁与我将成为谁”的张力下逐步实现的。这也正是肯定和表扬在教与学的过程中扮演着如此重要的角色的原因。

肯定和表扬及其所带来的感受——对自我的肯定——是一种社会现象。它是在人际关系中展示出来的某种特质。老师可以私下里表扬孩子，而在公众场合或有其他人在场时，孩子对表扬的感受会更为强烈。为什么呢？因为在获得表扬进而产生自豪感的过程中，其他在场的人也置身其中或成为见证人。

但是给予肯定和表扬带来了一个问题：它可能带来不平等的感觉。肯定和表扬好像给予了一个人特别的价值和特别的地位。于是，一个得到肯定和表扬的孩子可能会有一种优越感。这种表现会很容易被认作一种虚荣，使被肯定和表扬的人感到窘迫。

脸红是窘迫的一种表现，但是孩子可以通过表现出窘迫来削弱因受到肯定和表扬而产生的不平等和骄傲的感觉。因此我们看到，在上述故事中那个孩子的感觉是相当复杂和困惑的。她好像一方面感觉很特别，一方面又因为感觉特别而感到窘迫。老师需要积极地了解这种情况。需要重申的是：教育学就是在与孩子或年轻人的交往中对什么是适合的与什么是不适合的予以积极的区分。

课堂教学中的教育学面面观

教育的机智不仅仅是一门技巧，更准确地说，它是一种“即兴的、临场的反应能力”。

一位英语老师描述了和一个具有对抗倾向的学生在教室里发生的一件事：

丹尼尔的穿着令人生气——街痞式样。他的形象特别醒目：性感的嘴唇，精心修饰的发型，酷极时髦的姿势和骄傲的眼神。丹尼尔在我们这所小小的初中里显得非常突出。

这是开学的第一天，我在课堂上讲解这个学期的阅读计划。丹尼尔踱进教室，径直站在我面前，宣称："我不阅读。"

"真的吗？"我问道，"阅读会带给你一种不同寻常的体验。"这时学生们都开始读书了，教室里静了下来。

我注意到丹尼尔没有拿书。他懒洋洋地坐在椅子上，用食指在课桌上敲打着。我仔细看了看书架上的书，从中选了一些小说。我并不期望奇迹发生。我轻轻地走近他的课桌，弯下腰，试探性地在他耳边说："嗳，丹尼尔，为什么不选一本你不那么讨厌的书呢？试试看，也许你能在下课之前看上几页。"

他抬起他傲慢的眼睛，头一扬，轻轻地打发我，叹道："看看再说吧。"

我还是把我精心挑选的书留在了他的课桌上。丹尼尔仍然靠在椅背上，一动不动。他偶尔伸过手去快速地翻一下书，好像漠不关心的样子。我转身离开了。

几分钟后，我用眼角的余光看见丹尼尔拿起了卡罗·马塔斯（Carol Matas）的小说《畸形人》（*The Freak*）。

"太好了，他上钩了！"现在，书已经深深地吸引了他。我希望丹尼尔能成为一个读者。

这里发生了什么呢？老师看到了一个有意让自己的行为与众不同的学生。这个学生向老师的权威发出挑战，但是老师没有凭借权力去压制他，她的描述轻松、幽默而且充满了尊重。她尊重学生所创造的个人形象，她理解丹尼尔渴望得到认可。而且这种理解中隐含了她对教育的机智的运用。老师在小心地把握该如何去接近学生的同时，又和学生保持着适当的距离。

但是这位老师是如何知道该说什么的呢？她又是如何知道究竟该保持多远距离的呢？关于如何机智地行动，没有现成的理论知识，没有具体的技巧，也没有固定的规则。然而，通过在这种具体的课堂情境中积极地理解学生的体验，老师就有可能培养和萌发出教育上的机智。

教育的敏感性和机智是两个密切相关的概念，一个常常思考的人比一个相对较少思考的人更能在一个特定的环境中展示他的机智。教育学上的敏感性和多谋善断也可以说是一种反思的能力，以及对过去经历认真思考的能力。而此时此刻，就在你必须立刻做出反应的时候，它强调的是要意识到在这个具体的情境中什么是最重要的。教育的敏感性和机智有赖于感知和倾听年轻人的能力。但是教育的机智不仅仅是一门技巧，更准确地说，它是一种“即兴的、临场的反应能力”。即便如此，也不能百分之百地保证行动会有效。这一点，丹尼尔的老师是知道的。

我和丹尼尔建立了良好的师生关系，这显得有点不同寻常，因为丹尼尔的“乖张举止”导致他和他的自然科学老师、数学老师不能很好地相处。因此，丹尼尔经常在图书馆里完成数学或自然科学的作业。如果无意中听到我和图书馆管理员露易斯交谈，他就会加入我们的谈话。有时他还会对我的英语课的成败、好坏做些评论。

丹尼尔人很聪明，学得很快，但他也会毫无顾忌地羞辱比他学得慢的同学。有时候在课堂上，他会扔下一句话：“我真的不需要做这个作业，我想班上的其他人需要做。”然后，他会在众目睽睽之下将他那骄傲的雕塑般的头抵到桌面上，好像要小睡一会儿。后来，我和他谈论了关于体谅别人的话题。

丹尼尔知道我希望他完成所有指定的作业并且参与班级的讨论，发表有见解的意见。通常情况下，他对作业还是很认真的。就在上个星期，上课前他对我说：“你看，有两个问题我不明白。”

“没问题，丹尼尔，”我说，“我们会在上课时讨论这两个问题。”在课堂上，讲文学理解的时候，我说：“我知道有很多问题是很难回答的，结论不是那么显而易见的。几分钟前丹尼尔告诉我有两个问题他觉得很难，有没有人也觉得这些问题很难？”

我满怀热情地开始了这个讨论。

不到十分钟，丹尼尔就制造了一个破坏性的场景，带来了全场的混乱。他咧嘴怪笑，发出猫一样的叫声，嘲讽奚落另一个学生，那个学生的脸都红了。我那所谓的教育热情瞬间蒸发了。

我停止了上课。教室里充满了紧张的气氛，我紧盯着丹尼尔，高声呵斥道：“住嘴，我不喜欢你的行为！你这样伤害了别人。”

我毫无目的地继续上着课，我太失望了，甚至要放弃了。下课离开教室时，我对丹尼尔说：“这不是一堂好课。”

他反击说：“是的，我知道！”

直到几天后我才意识到我究竟做了什么。

有句听上去老生常谈的话是这样说的：一句不合适的话或一次欠考虑的评论，无意中会给原本融洽的师生关系带来破坏。随后，这种关系上的变化会大大动摇老师在教学能力和学科知识上的自信。

每个对孩子有责任感的成年人都需要不断地发展教育的敏感性和机智。但是教育的敏感性和机智作为一种能力，在教育学的诸多书籍中很少被谈及。为什么呢？这往往是因为教育的敏感性和机智不能用一种直接和简单的方式来描述。但我们可以通过间接的方式来描述教育的敏感性和机智，通过小故事将它表现出来。这也是我一直努力去做的，我把它描述成对各种具体情形的实实在在的敏感性和协调能力。

我们该如何去做？我们如何才能发展与运用教育的敏感性和机智？首先我们要理解知识在本质上是与身体密切相联的。人类的肉体和精神连接得多么紧密啊！人们常说“眼睛是心灵的镜子”。这就是说，人类从内部反映他们自己，世界从外部反映它自己。我们通过看、听、触这些感觉与孩子们联系起来。

举个例子，想想看，我们是如何体验一个“眼神”的。在彼此的眼神中，我们看到别人，也被别人看到；在眼神中，内心世界被反映或表达出来。我们可以通过这样或那样的眼神触摸到对方的内心世界：挚爱或憎恨，信任或忧虑，温暖或冷淡，欣赏或轻视，严厉或宽厚，自信或不安，关注或漠然，希望或失望，坦率或欺骗……

通过观察，我们了解别人，通过别人的眼神，我们知道他们也了解我们。但是，要真正地具备对他人心灵的洞察力，我们还需要提高自己观察和理解眼神的能力。我们需要了解和孩子们相处时一些小事的重要性。大事往往蕴藏在小事之中。我们要知道有时一个意味深长的眼神带来的效果远胜过千言万语。一位敏感而机智的老师知道什么时候需要保持沉默，什么时候适合做一个小小的手势，什么时候应该忽略某些事情而报以一个会心的微笑，用沉默“说话”。有时与孩子在一起的最美好的时光是在静默惬意的相伴中度过的。

于是，老师就有了一种想去理解因而充满热情的眼神，这绝不是狂热或虚假的热情。这种眼神表露出了知识是如何融于老师个人的思维、感情和行动中的。

以下关于眼神的例子说明了为什么教学的方法或技巧不能通过常规方式来全面描述。

一个学生讲述了教室里发生的一件事：

那是在九月初，第一个学期刚刚开始。当我们新的自然科学老师走进教室的时候，一束明亮的阳光从上面的窗户反射下来，照在教室前面的墙上。老师立刻注意到了它。他慢慢地走进来，注视着光束，然后站在它的前面，拢起双臂，带着惊讶的微笑观察着这个现象。上面的光拉成一个尖尖、长长的三角形，像一根极大的手指正在指向什么。老师开始上课，讲解有关反射和棱镜的知识。

几分钟之后，阳光突然消失了，好像有人把灯关掉了一样。老师指出，等下回我们再看到这束阳光的时候就是春天了，就到了我们的课程要结束的阶段，我们会有一个科学测验，来回顾一下在过去的一年里我们学到了些什么。

“在这个课上，我们实行宇宙时间制。”他轻声地宣布。他的嘴角和眼角露出一种神秘的微笑。我怔住了，有些孩子会意地笑了。我没有完全理解他的意思，但是它听起来很吸引人，就像他在班上讲的或做的几乎所有其他的事一样。

一年很快过去了，自然科学成了我特别喜爱的科目，在这一年中我们班上几乎每个人都很喜欢他的课和他分配的任务。

一天，在上自然科学课的时候，一束阳光从上方照射下来，仿佛是从天上一个神奇的光线盒子里神奇地射下来一样，映入我们眼帘。我们张大嘴，惊讶不已。它从墙上的同一个地方强烈地照射下来，让人联想起一个巨大的惊叹号，一个神秘的记号，好像正在带给我们一个神奇的信息。

老师走进教室，用一种难以捉摸的眼神看着写字板上反射过来的光线，我们忍不住和他一起微笑了起来。好像关于这种神奇的现象，我们和我们的老师之间有个共同的约定。他静静地点了点头，走到他的讲桌旁，一句话也没有说，开始分发学习笔记。

我感到有点难过，好像一本好书就快看完了。

这里，老师“难以捉摸”的眼神与老师教授自然科学课的方法有异曲同工之妙。它们强烈地感染着学生，让他们萌发出一种强烈的欲望——像老师一样去了解自然科学的秘密。学生在老师身上和自然科学课中看到了他们自己。

眼神可以表达出教育关系中心灵的能量。为了培养教育的敏感性和机智，我们需要看懂眼神，并根据对眼神的理解去行动。换句话说，教育的敏感性和机智并不是在一个研讨班上所获得的一套简单的外在技巧。有关教育的鲜活的知识并不只是脑海中那些需要智力的东西而已，它还需要融于身体的“体知”（embodied knowledge）。真正的教学需要老师全身心地投入对孩子们世界的体验中去。

也许，对于一个需要鼓励但并不被我们在乎的孩子，我们会去给予鼓励。我们会说一些“正确”的话，但是我们的眼神会迅速暴露我们的真实感受。从眼神中，大家迅速了解了对方，形成了一种清醒的认识。眼神无法像语言一样为了达到目的而进行掩饰和控制。

当然，我们对眼神的本质进行理解也是有实际意义的。一方面，我们能学会更敏锐地观察；另一方面，我们必须认识到我们无法轻易地掩饰自己的眼神。每时每刻，老师和学生都在对方的脸上阅读着焦虑、感动、厌倦、感兴趣以及迷乱等各种表情。学生会下意识地比较我们嘴上说的和眼里流露出的有什么不一样。如果嘴上说的和眼里流露出的不一致的话，他们会相信眼睛胜过嘴巴。当然，嘴巴对一个人来说，不仅仅可以表达文字，如果你想知道对方的感受，那么看着他或她的嘴巴要比仅仅听他或她说来得更真实。

我们来看一个典型的例子。设想有这么一间吵闹的教室，一位刚毕业的老师不知道如何在这间教室里维持“纪律”，无助地面对眼睛里带着嘲弄和挑衅的学生。现在再看另外一位老师，对学生们激烈的议论，老师一个劝诫的眼神就足以让同样吵闹的教室安静下来恢复正常的秩序。为什么有的老师能如此有效地树立权威，而有的老师只能无能为力地看着学生们呢？能不能学习如何用眼神来控制一个班级呢？能不能写一本“如何……”的书去教会其他人呢？似乎不能。把眼神仅仅当作教学的技巧会形成一套死板的教条。一个有能力的老师能将眼神运用得如此有效是因为他自己和眼神是完全融合的，眼神已经成为他经历和理解教室里任何一个情境的方式了。

当然，完全有可能的是，一个“有权威”的老师的眼神只能有效地使教室安静下来，这时学生们感受到的是一种威慑的眼神，他们处于受威吓、害怕或压抑的情绪中。这种权威不是真正的教育学的权威，这种纪律也不是真正的教育学的纪律。所以作为老师，我们必须清楚孩子眼中的我们究竟是怎样的。

纪律的教育学意义

纪律是谈论对某人来说什么是重要的、他的努力方向和人生原则的方式。

为了培养教育的敏感性和机智，我们需要反思一下“纪律”（discipline）的意义。纪律不仅仅是教室里衡量秩序的标准，它也是我们自身行为取向的标准。或者应该这么说，纪律是谈论对某人来说什么是重要的、他的努力方向和人生原则的方式。“纪律”的原意是跟随、学习和教导。“信徒”（disciple）就是一个伟大导师或伟大榜样的追随者，单词 lecture（讲授，拉丁语 docere）也与纪律有关。

一个守纪律的人就是一个准备去学习和遵守秩序的人，所以老师也像学生一样需要纪律。没有纪律，没有学习的欲望，学校的存在就失去了意义。因此，在学生中间或对一个人自己建立起纪律，就是为真正的学习创造条件。这就是为什么人们总是说，教室里真正的纪律是不能和课堂上所教的或所学的截然分开的。

“纪律”的深层次含义和处罚或权威的运用几乎没有什么关系。

在《扔海星的人》（*The Starfish Thrower*）这个故事中，已故的人类学和历史学教授劳伦·艾斯利（Loren Eiseley）讲述了自己的经历，说明了有没有纪律是不一样的。

艾斯利在海边沙滩上散步，人们沿着海岸线捡拾着海水退去后留下来的贝壳和海星。当他走过拥挤的拾贝壳和海星的人群时，他看见远处有一个身影，这个人正目不转睛地紧盯着沙子里的什么东西。只见他弯下腰把一个东西扔进了远处澎湃的浪涛中。

当艾斯利走近时，他又看见那个人弯下腰去。在沙子和淤泥沉积处，一只海星正努力地向上伸展双臂，试图从令人窒息的淤泥中挣脱出来。只见那个人迅速而轻柔地捡起海星，用力将它远远地扔进了海里。“它会活下去的。”他对艾斯利说。艾斯利有点困惑，他注意到其他人都没有冒险下到离海水这么近的地方。“你有没有捡过什么?”那个人问，一边弯腰看着沙滩上求生的海生物，一边轻轻地说，“只像这样，为了生命而捡。”

艾斯利在这个故事里指出：科学规则的本质并不是简单地对自然现象加以搜集和分类，以为人所用。真正遵守规则的人应该是那个“扔海星的人”，那个救助海星使其重返大海的人，那个为了大自然和生活规律，通过劳动了解自然本质的人。他描写的扔海星的人被一种情感，一种遵守规则的情感，一种需要遵从和负责任的情感驱使着。这里，“遵从”意味着能够去倾听，倾听那些向你倾诉的内容。而要想知道海星在说些什么，你就必须热爱它们。

说到这儿，我想让大家知道，一个人为了获得教育的敏感性和机智就必须懂得教育知识和语言的本质。许多老师都知道，每天的教学活动与如下难以用语言来形容的条件有关。比如：学校和教室的气氛、老师和学生的关系、当时情境的复杂和敏感程度，还有学校的走廊、教室、办公室、操场的空间，等等。通常，这类知识是需要被感受的。它应该通过体验和感受来了解，而不是通过思考和推理而获得。

老师的知识是有情感的，教学的行动取决于老师面对学生的方式，对师生关系的感知力，在偶发情境下知道该说什么和做什么的临场机智，还有充满思考的日常活动。而教学的理论更多地与知识的外在形式密切相关，对我们的瞬间行为作用不大。

描述我们对这个世界的认知的客观方面远比描述其情感方面容易得多。认知的客观方面是指智力、概念和理性方面的特性。举例来说，我们描述一个建筑物或一个物理空间，比如学校或教堂，会从它的文化、功用和空间特征等多个方面来进行。但是这样的地方也有气氛和感受方面的特性。而且，这些地方的情感特性并不是一成不变的，它们也会像山水景物的情调一样有所变化。从这个意义上看，我们就能理解一所学校、一间教室，或者其他任何一个学习空间的情感特性了。

如果我们想研究和强调教学与教育生活中情感方面的因素，我们就需要一种能够表达和交流这些理解的语言。这样的语言需要指向日常生活中鲜活的体验。举例来说，描述教学瞬间的具体故事能给我们提供教育学的反思，帮助我们反思自身行动、情境和教学的关系。老师必须相信一定有一种教育学的生活方式，将师生之间的关系与其他任何一种成年人与孩子之间的关系区别开来。一位训练有素的老师总是会问：“究竟是什么使我们与孩子之间形成的是教育学上的关系而不是别的什么关系？”

老师与学生在一起，主要不是为了让学生喜欢自己或者做学生的好伙伴。正像爱人受到爱的驱使，朋友受到友谊的导引一样，老师则受到了教育学关系的牵动。作为一位真正的教育者，他们总是随时愿意用实际行动来回答“什么是教育”或者“什么可以通过教育来激发和引导”这样的问题。事实上，只有在现实生活中教育的具体意义才会显现出来。一定程度上可以说，相爱的人对爱的理解在真实的生活中得到了不断的考验。对老师来说也是这样。问题在于通常情况下人们预先并不知道他们即将面临考验。如果考验可以被预知的话，那就不能被称为考验了。

一些年轻的父母和新老师的想法与做法往往显得有点外行。当他们碰到一些重要问题时，总是首先想：“书上是怎么讲的呢？”而当他们要采取行动的时候，情况已经发生变化了。相反，一个很内行的人，首先会对情境做出反应，然后再去思考。他们之所以能这样做，是因为他们的身体早已充满了敏感性，能即刻做出反应。换种说法，教育者能在关键时刻以教育性的方式行动，这是因为他们在过去多年的教育实践和反思中获得了教育学的精要，一种融于身心的“体知”。

当一个女人发现自己怀孕的时候，她就好像变了一个人一样。那不仅仅是子宫的变化，她的整个身体，她的整个人都发生了变化。以前，她可能对孩子不感兴趣。但是现在，她发现身边到处是孩子。有些女人惊讶地发现，生平第一次，她那么想要抱抱孩子，或者及时地去帮助一个孩子。在某种意义上可以说，这是一个准母亲在训练她自己，训练她的身体，为了母爱而接受训练。

这些道理同样适用于老师。那些“怀孕了”的老师（有了学生的老师）为了教学而训练自己，他们会用老师的眼光去读一本重要的关于孩子的书。这样，老师获得了教育学洞见，将来在关键时刻便有可能做出机智的行动。

孩子对秘密的体验

能够拥有并保守秘密是儿童走向成熟和独立的一个标志，而能够与最亲近的人分享自己的秘密更是儿童成长和成熟的表现。

父母和老师都会注意到这样一个现象：年幼的孩童没有秘密，天真无邪。他们的想法和心事很容易显露出来。随着年龄的增长，他们逐渐想拥有秘密了。

大一点儿的儿童，喜欢与同伴或父母玩捉迷藏的游戏。有的时候，孩子躲藏在门后、桌子下面、床架之下、衣橱里面，甚至爬上树梢。当你试图去找他们却找不到的时候，他们却在偷偷地乐，感觉非常兴奋。虽然，你几乎不费力气就把他们给找到了，但他们还是开心得不得了。

秘密这个词的英文是 secret，它来自拉丁语 secretus，意即“分开”“分离”。从某种意义上说，秘密的体验是一种让自我与他人分离的体验。这种体验有时会让人感到莫名的兴奋。

在我四五岁时，我在一堵凸出的墙边的一个储藏箱底下找到了一个狭窄的秘密空间。我有时会一个人在这里坐上好几个钟头，根本不管外面发生了什么事情。……我自己也说不清是什么把我吸引到这个地方来的，……有一天，我又坐在那里。妈妈突然喊我的名字，虽然她离我不过几步之遥，我的第一反应是想从底下走出去，但不知为什么，我却没有说话。……突然，我觉得这个带给我幻想的秘密之所变成了一个令我兴奋的藏身处。

听到妈妈一直叫着我的名字穿过了整座房子，我有一种莫名的激动，因为我把自己隐藏得如此不露痕迹。最后，我很快离开了那个地方跑到妈妈身边，妈妈当时已经上楼了，但我并没有告诉她我刚刚在哪儿。（摘自《儿童的秘密》第23、24页）

随着孩子的成长，我们逐渐发现，孩子开始有了秘密。在厨房里，我不经意地发现，儿子昊昊在用小刀切些什么。注意到我后，他赶紧将拿着小刀的手藏在身后。我问："你在做什么呢？"儿子愣愣地看着我，说："没干什么。"

起初，儿童有了秘密，但又不能保守秘密。我们成年人很容易将孩子的秘密套出来。举一个例子，当孩子说有一个秘密不想告诉你的时候，你告诉他说，那个秘密就写在他的额头上，此时他会立刻摸着自己的额头问："真的吗？真的吗？"

当孩子再长大一些的时候，情形又有些不同了。正在读初中一年级的儿子放学回家了。一进家门，母亲就问："今天的学习怎么样啊？""不怎么样！"儿子漠然地回答道，然后径直走进自己的房间，将门关上，一副不愿与父母聊心事的样子。此时的父母会开始感到焦虑："我的孩子怎么啦？""他以前可不是这样的，什么事都会跟我们说！"对孩子的沉默和不愿交流，父母会变得紧张起来，开始在孩子不在的时候溜进孩子的房间，悄悄打开孩子的抽屉，翻翻孩子的书包，想了解孩子究竟有什么样的秘密。老师有时也会用同样的举动，去打探孩子的秘密。

下面这位家长的感受可能大多数父母都会有所体验：

我女儿（5岁）和儿子（快2岁了）每周去托儿所待

3 天。每次回来后，我通常会问他们一些问题，看他们这一天过得怎么样。……我的女儿常常表示她不想谈论这些事情。她甚至很直截了当地说：“我不想告诉你。”……

有时，看到女儿拒绝谈论她的一天是怎么度过的，我感到有点恐惧，因为这令我幻想各种各样的可能性，比如，是不是有谁告诉她不要讲出来？但通常，看起来没有任何理由让我怀疑发生过什么不好的事情。所以，我只好就此作罢。我意识到，孩子们觉得坐下来谈论发生过的事情很乏味。

因此，我很惋惜没有一扇窗户让我看到我不在时孩子们在托儿所发生的一切。（摘自《儿童的秘密》第 180 页）

孩子一开始没有秘密，到后来不但有秘密，而且逐渐能够保守秘密了。这让父母和老师感到害怕。孩子究竟怎么了？对我来说，孩子怎么越来越陌生了？出了什么事？于是，父母和老师想尽办法去探究孩子的秘密。

我的儿子已经 16 岁了。昨天，妻子从遥远的加拿大打来电话，声音里带着焦虑。“我又和儿子争吵了。他完全不听我的话了。我真不知道儿子在想什么。”我耐心地听完了妻子的叙述，自己也不禁纳闷起来。最近几年，儿子与我们的距离越来越远，有许多的事情都不告诉我们。比如，最近，他妈妈发现他交了一个比他大两岁的女朋友，还偶尔喝些啤酒！这都是焦虑的妻子趁儿子不在的时候从儿子电脑的历史记录里查到的。妻子在与我通话的时候，显得非常失望和无助。我该怎么办呢？儿子已经不再是一个“听话的乖孩子”了。

孩子对秘密的体验是一件很神奇的事情。秘密对于孩子究竟意味着什么呢？秘密与我们有什么关系？从词源学的角度看，秘密的原意是“分开”。秘密的体验似乎是一种可以将自我（心灵）与家人（或群体）分离的体验。孩子没有秘密的时候，只生活在一个世界中，那就是他自己的生活世界。当孩子拥有了秘密，他的生活世界就一分为二了：一个是自己的内心世界，另外一个是外部的世界。所以，从某一天开始，我们猛然发觉，除了一个与他人共享的世界以外，我们还有一个自己的世界。

还有一种情形。几天前，我与我的同窗好友聚会。聊天时渐渐谈到了孩子的问题。我的儿子29岁了，朋友夫妇结婚晚一些，他们的女儿也有21岁了。当我和朋友夫妇谈到孩子的秘密这个话题时，他和他的妻子很自豪地告诉我，他们和孩子距离很近，孩子对他们是无话不说的，从不隐瞒什么。孩子对他们而言没有任何秘密。朋友补充说，女儿大学寒暑假回来的时候，还会习惯性地睡到父母的中间来！朋友和妻子在谈及自己女儿的时候，很是自豪。已经成年的孩子，却毫无秘密，这又是怎么回事呢？这个孩子长大了吗？

从不同的角度来追寻秘密的体验能够加深我们对儿童成长的理解。这些关于秘密体验的生活小片段揭示了儿童成长中秘密体验的意义。当我们隐藏秘密（比如说一件事、一个想法）的时候，我们实际上就隐藏了自我（self）。秘密让我们遁形：我们体验到了内心的不可见（invisibility）。秘密有时让我们觉得自己变得非常脆弱，很容易受伤害，因为秘密很难被隐藏起来，一不小心就容易被暴露出来。从某种意义上说，秘密的保守或分享可能会扰乱抑或构建人与人之间的亲密关系。秘密的体验还涉及个人的身份认同（我是谁）、个性、独特性。秘密的体验可以给我们力量：我们知道其他人不知道的东西。我们有时需要很好地保守秘密，必要时也会与他人分享秘密，这样说来，学会处理秘密就是学会处理人际关系了。我们一般会认为秘密存在于我们的心里，殊不知秘密通常展露在外面：它一定与外面的某个人或某个人的某件事有关系。由于有了秘密，关系才得以存在：我是为他人保守或分享秘密的。所以，秘密是与生活建立有意义联系的前提条件。秘密对自我的成长和意义的重构十分有意义，而且十分必要。

孩子没有秘密的时候，父母很开心。孩子有了秘密，父母和老师也不必担心。一方面，我们需要认识到，孩子开始有了秘密，就开始成长，走向独立。有秘密意味着有了独立的意识。能保守秘密其实是独立和成熟的标志之一。能保守秘密，而且又能够与自己最亲的人分享秘密，这更是成长和成熟的一个表现。

理解了这些之后，我们就知道了，当孩子有了秘密的时候，我们需要尊重他们，给他们足够的私人成长空间。机智的父母或老师会关注孩子对秘密的体验，知道什么时候该去倾听，什么时候又该有意地不去理会。

很显然，在儿童成长的过程中，一面是秘密或隐私，另一面是监督或控制，两者在教育上都很重要，并且不可或缺。“看住”孩子是必要的，因为它为成年人提供了教育责任感的基础。监督中所包含的留心和警觉的成分很重要，因为它为孩子的发展提供了支持并指明了方向。“观察”秘密也是重要的。因为，秘密的诞生标志着自我意识的萌生，它为孩子内在能力与个性的形成提供了条件。父母认可孩子的隐私空间，实际上就是在为孩子的秘密体验创造空间。

秘密是人成长的一个关键方面。我们作为父母和成年人经常看到日常生活中孩子们有着许许多多普普通通的秘密。正是这些秘密让孩子们开始明白和意识到自己逐渐拥有的内心世界和外部世界，这种认识反过来又帮助他们形成一种自我感、责任感，以及自主性和人际交往的亲密性。孩子最终要长大成人，独立生活。秘密的体验是孩子未来独立生活的起点。

我们很少去考虑童年秘密体验的教育意义，也很少去关注隐藏在童年秘密背后的儿童成长经历。甚至，有人还认为儿童不应该有自己的秘密（偷看孩子的日记，许多家长就是这样做的），因为凡是“不可告人”的就一定是不好的。这一错觉使我们常常在无意中伤害了孩子的心灵，“冒犯”了他们的内心世界。这真是一个不可原谅的过失，一个不容低估的错误。之所以会这样，是因为我们的“无知”，因为我们不知道：秘密是人成长的一个关键方面，孩子们发现自己有了秘密，就意味着他们内心世界的诞生。能够拥有并保守秘密是儿童走向成熟和独立的一个标志，而能够与最亲近的人分享自己的秘密更是儿童成长和成熟的表现。

孩子们怎样感受我们的“在”？

“为什么你总是叫我做这做那，但是你自己从来不做?”“为什么你这么关心我的成绩单，而对我的作业毫无兴趣?”“为什么你们有钱买新车，却没钱买机票去看望奶奶?”

令人惊讶的是，一些年轻人对我们言行不一致这个问题特别敏感。正如一个恋人不会长期被对方的伪装所愚弄一样，学生也不可能被老师虚伪的热情或假装的知识渊博所欺骗。如果一位老师根本不知道自己在讲些什么（不管他有没有意识到），他很快就会被揭穿。年轻人会说：“某某老师根本就不是那样的。”

一位年轻且忐忑不安的老师会极力做出十分自信的样子来，但很快他的真实状态就会暴露出来。学生们会很快从老师尴尬的手势、错误的姿势和眼神中感觉出来。师生之间通过手势、表情和眼神传递的信息太多了。一位颇有力量的老师所表现出来的“在”必定很有力量。让我们来探究一下在孩子和成年人心目中老师应该是什么样的。我们有时说，要通过一个人所做的事来了解一个人。以我们过去的经历来看，观察和描述一个人的行为比描述一个人的特性要容易得多。

一位老师表面上能有效遵循一套课程的目标，但是从更深一层的意义上说并不知道这些课程目标最终会将孩子们引向何方；

一位老师在讨论诗歌，但是并不知道诗化生活；

一位老师在谈论责任，但是对自己的生活并不负责任；

一位老师总是不断地给别人打分，但是自己却不努力奋斗；

一位老师总是努力使自己的学生喜欢自己，却忘却了真正的教学是什么；

一位老师只知道用许多笑话来娱乐学生，却缺乏真正的幽默感；

一位老师展现了他非凡的语言能力，但是讲话却很空洞；

一位老师能很有效地将课程个性化，却不去真正了解学生；

一位老师了解世界，却不去为这个世界承担责任；

一位老师能引证教育的重要目的和目标，却不能激发学生对未来的憧憬；

一位老师能够将自己的科目和别人的整合起来，却对整体缺乏洞察力；

一位老师问了学生很多问题，却不知道该怎样让问题变成一种真正的探索；

一位老师表现得很有权威，却不知道是什么给了自己教育上的权威；

一位老师（可以不停地描述下去）……

如果是这样的话，这些可以观察到的老师的行为就与他们在这个世界上的存在方式，或者在学校、在教室里与孩子们相处时的表现自相矛盾。也许我们可以说，当一个老师言行不一致、伪装失败时，他其实并“不在”，或者说根本没有真正地“在”。

如果心不在焉，我们就只剩下一个躯壳与孩子们在一起了。同样地，课后如果孩子们还留在我们的心里，那我们就仅仅是躯体和他们分开了而已，我们还会留在他们心里。这就好像一个孩子做家庭作业时，会感到老师似乎正从他的肩后看着他一样；也正如老师在想一天中发生的事情时，心中总是抛不下学生一样。

不管我们喜欢还是不喜欢，成年人总是不自觉地在被孩子模仿，对孩子产生正面或负面的影响。孩子把成年人当作了模仿范本，经常会问："为什么你总是叫我做这做那，但是你自己从来不做？""为什么你这么关心我的成绩单，而对我的作业毫无兴趣？""为什么你们有钱买新车，却没钱买机票去看望奶奶？"

当成年人不再仅仅是孩子们努力模仿的行为榜样，而成为真正的榜样，以身示范教给孩子们伟大的价值和信仰时，他们对孩子们的人生就起到了教育作用。他们就不再仅仅是传递技能或信息的老师，也不再仅仅是电视里的角色、体育界的明星或者有趣的父母亲。他已经是导师——一位真正的教育者了。机智的父母和老师的所作所为，总是在引导年轻人去认识自己应该过怎样的生活，应该怎样做人。

事实上，这种模仿过程就是一个学习的过程。在早期，英文中“学习”的意思是教，是让人学，也是自己去学。准确地说，某个人向另外一个人学习就是学习某些东西。在荷兰语中，“学习”仍被用来表达教与学的意思。在词源学中，“学习”的意思是跟随足迹、路线或前人留下的脚印。从这个意义上说，老师和父母必须首先是好学生，然后才能是引导学生学习的人。

对于孩子来说我们并不代表一切。所以当我称自己为数学、文学、历史或科学老师时，我敢说我只是具备了作为一名职业教师的可能性和责任心。但是应该怎样教学生文学或历史呢？作为文学或历史老师，我必须会讲很多故事，能滔滔不绝地讲述那些伟大的诗人和他们的作品。显然，对某一个具体学科的了解是指我获得了人类在那一方面已经掌握的知识。但是，要掌握知识，并不意味着要掌握这些知识的所有信息。要掌握知识是指要了解那些东西对我们而言意味什么，和我们之间有什么关系，等等。

了解一门学科是指对它的根本问题不仅要掌握得

好，还要认真对待。真正了解一门学科的同时也意味着要热爱、尊重这门学科，并让它按自己的规律发展。我们在学校学习了许多课程。确实，通过学习我们对这些学科有所了解。通过这些了解，学校的课程变成一门学问，这使我们了解它们相互之间的关系成为可能。我们的反应以及我们听课的过程，使我们与这门学科本身建立起一种本质的联系。

对事物的这种专心致志常常就是对意义的一种阐释。我们一旦认为每一个阐释行为都与专心和关注相关，那么，我们就会得到一个惊人的结论：我们必须对自己所做的负责，也必须对自己所知道的负责。

众所周知，水（H_2O）是一种化学和物理物质。它能使我们的身体变得凉爽（也许有时并不舒服），同时又是鱼和禽类生存所必需的要素，植物生长的必备条件，赚取利润的良机，战争的理由，美丽的源泉，等等。

有些人认为老师对自己所教的学科是否非常了解并不重要，教得好坏在于他讲课的方法和风格，而不在于他所讲的内容，思维的优与劣也是如此。现实生活中我们会看到体育老师去教英文课，历史老师去教自然课。还有，人们常说：“你教什么，你就是什么。”一位数学老师并不是碰巧去教数学的。一位真正的数学老师的身上处处体现着数学，他生活在数学之中，从一个特别的意义上说，他就是数学！我们往往可以通过老师讲课的风格来判断他或她是真正的老师还是冒牌的老师。事实上，一位冒牌的老师无法使自己融入学科本身。一个人说“那不是我的风格”，就意味着“那不是我的方式，那不是真正的我”。

上课的风格就是我们对学科掌握程度的表现形式。我们可以拥有一定的文学、数学和科学知识，但只有真正理解这些知识，我们才能使它们成为我们自身的一部分。一位真正的语文老师不仅仅热爱阅读、写作，甚至在课间休息的时候也会在手臂下夹着一本诗集，而且会情不自禁地用诗歌去表现世界——通过文字的魔力来思考人类的种种经历。

我们常常听到孩子们谈论、描述他们遇到过的杰出老师和他们最崇拜的老师，我们可以从他们的描述中得到许多启示。隐藏在这些小故事里的主题很容易凸显出来，这些老师被普遍描绘成公平、耐心、有爱心、善交流、讲原则、有幽默感、爱孩子、了解孩子、知道该教些什么的人。

但是，隐藏在这些主题背后的更深层的意义很难用文字来描绘。从更深的层次上说，老师的素质与以下一些因素很有关系，诸如教学的思想力、教学的机智、对什么适合孩子的敏感性、了解每个孩子的生活以及他们各自真正的兴趣所在等，同时也包括一种将数学、语文、社会科学、艺术和自然科学的课程引向生活本身的对课程的综合理解力。

当一个孩子讲述一个关于自己多么想得到老师信任的真实故事的时候，孩子所谈到的那种信任正是一位真正的教育者所需具备的特质。没有了它，老师就仅仅是老师而已，而不是一位真正的教育者。当孩子们说老师应该像他们自己所教授的那样并具有幽默感，同时又不应该总是装滑稽或者讲些乏味的笑话时，他们的意思是：老师的形象要和他们的言行保持一致，对生活、对世界、对共同学习的学科保持快乐和责任感。当学生们说老师应该知道“怎样与学生接触”时，他们是希望老师以真实的自我出现在自己面前。当学生们说老师应该“了解学生的需求”，“帮助他们完成家庭作业”，“随时准备帮助他们”，并且不要“布置了作业就离开教室”，还应该“有耐心，永远不放弃他们”时，他们是在又一次地提醒我们教育能力的本质：“那些放弃了学生，对学生不再抱有希望的老师，应该退出教师队伍。”当学生们说“好老师知道怎样激励我们读书”，“好老师知道怎样使我们喜欢数学、自然科学或语文，甚至是我们原本最讨厌的学科”，“好老师对教学充满热情”时，他们则是在强调教学的另一个重要方面：一位好老师并不是碰巧去教数学或诗歌而已，他本身就体现着数学或诗歌。好老师和他们所教授的知识已融为一体。

气氛的作用

气氛是我们体验生活空间的方式。气氛是老师将自己呈现给孩子们的一种方式，也是孩子们将自己呈现给老师的一种方式。

父亲在用电脑，他正在赶一项即将到期的任务。马克在书房的一个角落玩耍，不小心碰到了头。很显然问题并不大，但他还是哭着向父亲跑去。父亲是个很有爱心的人，他很快推开了椅子，把马克抱上膝头。“哦，孩子，碰了一下，是吗？让爸爸抱抱。感觉好一点了吗？”但这种情况没有持续很久。父亲不由自主地感到他的工作受到了打扰，他分心了。这从他的声音和手势中可以感觉出来。

这样一来，马克就可能得到两种信息。一种是：“到这儿来，我来照顾你。”另一种是：“我很忙，别烦我。”如此而已。“你为什么不去你妈妈那儿，告诉她你碰了头？”马克乖乖照办，感到有一种矛盾的气氛在空中飘荡。这些琐碎的事情天天都在发生，生活中充满了矛盾。孩子们有不确定感和不安全感，这又有什么值得惊讶的呢？

大家都知道，我们不可能一直或永远用教育学的态度对待孩子，对此我们没有必要自责。有时候我们很失望，或者心情不好，最不想做的就是面对一屋子的孩子。有时我们也很不幸地会犯错误或者对教学不够尽职。有时，我们以为自己做得足够好了，却沮丧地发现我们要么做错了事，要么判断失误，要么达不到要求，要么忽略了某些事情。事实上，教学中我们难免会犯错误，教学并不完全是一项技术性的工作，教学中表现出的心情、语调和气氛，同道德、情绪以及人与人的关系息息相关（养育也是如此）。

母亲说："我想我们可以去溜冰或者游泳。"但是她的声音很平淡，她的手势缺少力量，于是孩子们的反应也很不热情，甚至有点儿漠不关心。本来一件很有趣、很令人兴奋的事情因此而变得枯燥无味了。孩子们收到了矛盾的信息。

每个家庭、每间教室、每所学校里都有这样的气氛。问题并不是学校应不应该有一种无处不在的气氛，而是什么样的气氛比较适合它、值得它拥有。“气氛”（atmosphere）这个单词本身的意思是一个充满蒸气的球体，它包围并影响着周围的一切。教堂里总有一种超常的气氛，雄伟的建筑让人感到畏惧，而在旅游者看来，整个城市甚至都充满了一种特别的情调。

家庭和工作场所也有其独特的“气氛”，其中不乏一些小物品的“功劳”。这张椅子曾经是爷爷的，奶奶经常在那盏灯下做针线活，小辈们总能从台灯和椅子中感受到父辈和祖辈的关爱。这种气氛和感觉意义深远。通过这些我们了解周围的世界，气氛是世界之存在的一种表现形式。

学校也有气氛。父母亲可以通过家长接待日感受到学校的气氛。学校带给孩子们的可能是陌生感和压抑感，也可能是归属感、安全感和自信心。

一个地方的气氛是很复杂的。如，一个地方可能让某个孩子感到威胁，产生恐惧感，而另一个孩子却可能在其中产生冒险和挑战的欲望。一个地方的气氛还与我们的性情或精神状态有很大关系。它也与当时的景象有关，比如漂亮的夜景能带给我们一种异乎寻常的平静和安宁感。气氛存在于人类生存的所有方面：物体（一幅有品位的画，一张舒适的椅子），地点（一片宁静的风景，一个美丽的海滩），事件（一场欢乐的毕业典礼，一次庄严的演讲），时间（一个愉快的收获季节，一个欣慰的结局时刻）。更恰当地说，对于每一个具体的对象而言，气氛都是人们自己对周围环境的感受。

所以，认识气氛这一现象的意义在教育学上非常有益。父母和老师都应该懂得气氛对人类、对孩子的健康成长所起的作用。敏感的老师知道怎样创造一种适合学习和生活的气氛。对于学校应具有什么样的特色，老师们的看法可能不一样，但是他们无不认为学校是一个特殊的地方。所以，从教育学的角度说，我们应该让孩子们以一种积极的、正面的方式去体验学校这一时空性的、有形的实体带给自己的感受。

大多数老师凭直觉知道这一点，所以用彩色的和有趣的材料装饰教室的墙壁。然而，贴满了各种图画、纪律规定或其他色彩缤纷的材料的墙壁，也许只能制造一种不真实、琐碎和肤浅的气氛。有的老师这么做似乎仅仅是为了给他们的同事和学生父母留下深刻的印象，从而忽略了整天坐在教室里的学生们。教室里过多的鲜亮色彩、布告和材料制造了不安静的气氛，分散了孩子们的注意力，影响了孩子们的学习。或许，在讲新的内容前我们应当把原来的材料清理干净，把以前用过的书本收集起来搁置一旁。

老师必须学着对孩子如何感知影响学校和教室气氛的复杂因素具备适当的敏感性。学校和家庭一样特殊：这是一个给孩子提供时间和空间，从而帮助其在走上社会前探索世界的地方。一方面，学校是一块保护孩子的领地，是他们对现实社会还没有充分心理准备时的避风港。另一方面，学校也是培养孩子从独有一片天地的家庭走上社会的一个特殊场所。从这个意义上讲，学校是联系家庭和大千世界的一座桥梁。

当我们走进教室的时候，我们很希望体验到那种亲切、安全的气氛，同时也希望体验到那种去探索社会和神奇客观力量的诱惑力。一走进一间教室，我们很快就能感受到这里实施的是什么样的教育。教室里的气氛会告诉我们这里的老师对什么样的环境适合孩子的成长所持有的看法和态度。

教室的生活空间、它的外观和精神上的特质，应该提醒我们学校的功能和作用。学校是孩子们探索人类世界各个领域的地方。小学的教室教给孩子们认识世界的方法：数学的、社会的、历史的、音乐的、文学的和天文的等。中学的教室则拥有能体现各个学科性质的气氛。比如，一间生物学教室就完全不同于一间艺术教室。

学生一踏进艺术教室，她的态度取向就变得与刚才在生物教室时的完全不一样了。刚才，老师在带领孩子们讨论人手的结构和功能，她仔细观察了灵长类动物和智人骨头进化的特征。她注意到随着时间的推移，人类的手指逐渐变直，并且拇指的指骨逐渐变宽、变长。拇指及其相关的肌肉组织多么有用啊！

然而，当她踏进艺术教室的时候，她看见老师的桌子上放着雕塑艺术家罗丹令人赞叹的作品《祈祷之手》(*Praying Hands*)① 的复制品。有些学生很惊讶地轻声笑着。栩栩如生的手指，虔诚的祈祷，这已经超越了物体本身的力量。它神奇地传递了一种恋世的情感。教室里

① 此处的《祈祷之手》即《大教堂》(*The Cathedral*)，有时也被称为《大教堂中的手》(*Cathedral Hands*)。——译者注

的气氛大不一样了。

这两个不同的世界，各有自己的价值、感受和信仰。如果将“鞍形关节”“拇短展肌”“大拇指最后一节的进化”这样的术语和罗丹的手指雕塑联系起来，那将多不合适啊！同样的一只手却对应着完全不一样的两个事实。这究竟是怎么回事呢？

写到这儿，我看了一眼自己的手。多么奇怪的东西。我不禁想到诗人里尔克（Rainer Maria Rilke）的一首诗。他回忆有一次，他发现自己的手在桌子下面摸索什么东西，好像手本身有生命一样。它像一个陌生物体，在一个不同的神秘世界中拥有着它自己的脉搏。我回忆着诗里描绘的意象，它给我留下了不可磨灭的印象。我试图找到确切的字句，但是不经意间，我看到了前面的段落，我的思绪立刻又回到了教室，又一次对手在不同的气氛中有不同的表现感到惊奇。

为了在家中营造一种美好的气氛，我们仔细选择墙壁的颜色、家具的质地和布置，还有那些一直伴随着我们成长、被我们忽视、等到弄丢了才会觉得可惜的小物品的摆放。同样，老师也很仔细地、敏感地装点着教室。

教室里的一些摆设告诉孩子们学校对他们的具体要求，提醒孩子们生活需要秩序。什么事情都应该有时间限制，学校让人学会正确处理休息时间和学习时间、业余时间和工作时间、计划安排的时间和实施与完成的时间、个人时间和集体时间、开始时间和结束时间的关系。

教室里的摆设还能告诉孩子们家庭和社区中所没有的关于世界的其他方方面面。城市里的教室提醒孩子们世界并不都是水泥和塑料制成的，还有很多有机物质，比如：毛线、布料、泥土、黏土和植物等。这样，孩子们的世界就能变得丰富起来。

教室里的摆设和装饰也可以帮助孩子们重新理解过去所学知识的含义。露西在教室里第一次认识了蜘蛛。后来有一天她发现卧室角落里有一只蜘蛛，她赶快和爸爸商量该怎样处理这个小生物。抓住它然后将它从窗口放出去，还是顺其自然？最好顺其自然吧。第二天，小蜘蛛在屋顶天花板上的一个角落里安家了。她将窗户半开着，让小蜘蛛可以选择是走还是留。到学校后露西又一次仔细观察了蜘蛛的照片和图画，因为家里的那只小脚朋友已经激起了她观察这些图画的浓厚兴趣。老问题有了新意义，于是新的问题出现了："小蜘蛛看见什么了？""它看见我了吗？""它是公的还是母的？"

气氛是我们体验生活空间的方式。气氛是老师将自己呈现给孩子们的一种方式，也是孩子们将自己呈现给老师的一种方式。心情的好坏通过身体姿势和话语的音调反映出来。当老师阅读奥斯卡·王尔德（Oscar Wilde）的故事《快乐王子》（*The Happy Prince*）时，一种关乎于心灵的美好和敏感交织在讲述故事的全过程中。到结尾的时候，老师的音调稍有停顿，它深深净化了不少孩子的心灵。爱的牺牲为什么如此美丽，小燕子又多么令人伤悲！

老师慢慢合上课本，教室里一片沉寂，连那些并没有被故事真正打动的学生也停止了讲话。这种沉默也是一种情调。它不仅仅是声音的消失，也有它自己的内在品质。在寂静中老师合上了课本，但是故事还久久地回荡在空中，让人回味无穷。这是深思时的沉默，这是反省时的沉默。这种沉默与孩子们在参加数学考试时的沉默是完全不同的。

孩子教会我们心怀希望和保持开放

希望不是那种被动的、认为事情终归会得到解决的乐观主义。希望包含承诺和努力。即使在最荒谬、最痛苦的时候，我们也不会，也绝对不会放弃我们的孩子。

珍妮说：

大人们常常让我们觉得人类没有希望了。而我的看法也时好时坏。每当想到世上有那么多的问题，比如环境恶化、宗教冲突、种族战争、不治之症、能源不足、干净的水和空气短缺，我就感到很失望。老师们甚至也认为他们过去的生活是现代年轻人可望而不可即的。他们说，“这将由你们自己决定，你们是决定人类命运的一代人”，带着怀疑和不满。可是，他们自己却虚度光阴，什么也没有去做就感到没希望了。……这真是世上最难的事。我经常会有和许多朋友一样的感觉：世界末日到了。但是你知道吗，你不能总是那么悲观。我时常有这种感觉，但整体而言，我还是觉得未来充满了希望。我希望拥有好生活、好家庭、好子女，但在你的父母也不鼓励你、不给你希望的时候，你就很难对前景一直抱有希望了。

基姆说：

有时候我觉得特别失望，好像没有任何必要去学校上课，因为人类正在毁灭地球。我对上一辈人非常愤恨，他们留下了一个乱糟糟的世界。他们的生活即将结束，而我们的生活才刚刚开始。……我还想活下去，我想在年轻的时候体验美好的人生。一想到生态垃圾、环境污染、森林破坏、生物绝迹，还有世界上人给人造成的痛苦，我就感到非常伤心。这些都是我们年轻人不得不承担的可怕的责任。上一辈将这一切都丢给了我们，我们该怎么办呢？

海伦说：

还有一年我就毕业了，对于毕业后的去向问题我还没有明确的想法。我的父母离婚了。我希望有一种安全感——有一个属于我自己的地方和一些好朋友。上大学看来是没有希望了，我能干些什么呢？有时我很担心这些事情，也会和朋友们聊聊。有的人并不在乎这些。有的人甚至自甘堕落。有的人感觉和我一样。

我们能对这些年轻人说些什么呢？他们谈到恐惧、破坏和灾难。有时，那是他们体验这个时代的方式。听他们倾诉的时候，总会看到或听到我们的失败。他们说我们让他们感到极端恐惧和浪费生命。更糟糕的是，他们指责我们把一大堆的责任推卸到了他们身上。

还有一个问题得提出来：我们是否有权力让孩子们承担原本该由我们自己承担的责任？作为教育者，为了孩子们和这个世界，我们必须以身作则，传播希望和信心。我们这些和孩子们生活在一起的人不能做一个虚无主义者，我们不能放弃我们在孩子生命中的教育地位。孩子是未来的希望。

一个没有希望的世界是没有孩子的生存空间的。但是只要你的生活中、你的家中、你的教室中有孩子存在，你就应该看一看，好好地看一看，用教育学的眼光看一看。你看到的是希望。看到你的孩子，你的生活将充满希望。和孩子们生活在一起，那些年轻的父母立刻就有了一种信念：这个世界应该——不，是必须——继续存在下去。既然是一个孩子的父亲，我就不能够回避那些威胁整个世界的疯狂行为。我把孩子看成生活的希望。我必须做到最好。希望在不断地激励着我。

其实，希望从一开始就存在，在第一次胎动时就存在了。然而，父母有时候会产生一种复杂而迷惑的期盼心理，最早和最深的感受之一就是对希望的体验，这种体验在这样的想法里变得具体起来，比如：我希望这个孩子很健康。不夸张地说，一个怀孕的女人和希望生活在一起。

教育的希望使得父母或老师和孩子们在一起的生活充满了活力：它告诉成年人如何在这个世界上生活得更有意义，如何向孩子们描绘这个世界，如何对这个世界负起责任，如何用知识把这个世界展示、解释给孩子们，让孩子们了解关于这个世界的一切。对孩子们而言，那些对未来充满希望的人才是真正的父亲、母亲和老师。失败时，我们放弃了所应承担的责任或拒绝展现与希望为伴的生活。我们这种不负责任的行为将使年轻人变得玩世不恭，使成年人失去希望、不承担义务、不示范应该如何生活。德国作家君特·格拉斯（Günter Grass）对这种情况深有了解，在其作品《铁皮鼓》（*The Tin Drum*）中，奥斯卡拒绝长大，因为他认为没有必要长大。

希望不是那种被动的、认为事情终归会得到解决的乐观主义。希望包含承诺和努力。即使在最荒谬、最痛苦的时候，我们也不会，也绝对不会放弃我们的孩子。在我们所处的这个时代，我们的生活中可能会发生许多的错误。然而在感觉无望的时候，恰恰是脆弱的孩子又一次让我们体验到了希望。多么具有讽刺意味啊！

作为父母或老师，我们必须对孩子怀有期待和希望。但是“希望”只是一个词，词是会被滥用、曲解，变得肤浅、空洞的。因此我们一定要看看和孩子们一起生活是如何被体验为希望的，以及我们的行为本身是如何成为希望的。希望充满了活力，它最重要的方面就是要和孩子们在一起。这不在于我们说什么或做什么，首先应该是让希望出现在孩子们中间。

我们可以用“我希望……”来表述某些具体的期待和愿望：“我希望你在学校里表现好”，“我希望他能自己做作业”，或者“我希望她跟得上”。这些希望可以随着时间的变迁而更换。但是事实上，正是孩子使成年人超越了自我，使他们敢说：“我希望……”“我与希望同在。”“我的生活就是把孩子当作希望。”

这种对希望的体验将教育生活与非教育生活区别开来。从教育学意义上说，这也使我们更清醒地认识到，我们只能对我们真正爱着的孩子抱有希望。希望给了我们一个坚定的信念："我永远不会放弃你。你会过得很好。"希望就是我们为了孩子而变得更有耐心、更有信心、更加宽容，希望就是去体验孩子成长的无数种可能性。孩子让我们懂得，不管经历了多少失望，都要好好生活。这就是我们的信念。因此，是希望教会我们去教育。又或者，是教育教会我们心怀希望？

让我们来看看"知识生产""项目推广""成果导向的教育""目标管理"这些新鲜话语。现在，工业化模式、电脑技术、信息处理和市场思维已经大举入侵校园。教育理论家和行政官员不时地引用它们来阐述教育实践活动。我们该如何理解这些描绘教学的时髦话语呢？

我在这些话语中发现了一个很复杂的矛盾。一方面，这些话语的运用鼓励老师改变他们的教学活动，另一方面，他们又没有实实在在地被"希望"所鼓舞。这样的话语都是为了一个所谓的将来而"创造"的语言，而不是现在的、关乎我们此时此刻的生活的语言。它不允许将我们与孩子们在一起的生活等同于我们带着希望和孩子们在一起。成果、推广、评估、投入、消费信心是抽象的“希望类”话语，而真正的希望本身已经被有意识地抛弃了。因而它们是没有希望的“希望类”话语，是浮躁的话语，是不能让人觉醒的话语。

“有具体可衡量的目标”不同于“有希望”。当然，老师需要用期望、目的和目标来衡量进步或成长。但是，他们也必须非常信任和看重教与学的非技术性方面的神奇力量。期望很容易退化为欲望、企图和预测。因而老师可能会放弃隐约可见的期望之外的可能性而裹足不前。而有希望就是相信这种可能性。希望使人集中力量去努力创造。

问题不是诸如“项目推广”“目标管理”或“成果导向的教育”这些新鲜的课程话语有什么错误。如果用得恰当，这些话语也许对行政管理工作有用。老师总是在安排、计划课程和课堂。问题在于，“行政管理的”和“技术的”话语已经如此广泛地深入我们的生活之中，这很容易让父母和老师忽略另一种理解方式：首先要明白“生育”孩子和对孩子“怀有希望”意味着什么，然后再去照顾和教导孩子。我们作为父母、老师应该经常反思这一点。

“要是能回到年轻时，同时又像现在这样懂得这么多就好了。”许多人很怀念孩童时代，但他们不是想再做一次孩子，而是想以孩子的方式来体验这个世界。我们渴望找回孩提时候的那种认为什么事情都可能发生、对任何事情都抱着一种开放心态的感觉，以及那种认为万事皆有可能的自信。

孩子们知道，他们不可能做出电影中超人那样的业绩。但是，他们在玩耍时却能体验到这种可能性。年轻时，什么事都有可能发生。希望的出现就是给父母和老师的回报，这就是孩子教给我们的。只要我们是真正合格的父母或老师，孩子就一定能教会我们心怀希望。

我们了解孩子的方式很好地表明了我们了解自身的方式。当我们能够体验自己的开放性的时候，我们也就能对孩子们的生存方式保持开放性。孩子需要生活的开放性，以便形成自己独特的个性。父母或老师需要开放性，以便成为自己并反思那些促使现在的自我得以形成的因素。

我们必须当着孩子的面公开反省自己，经常问自己：“我们应该怎样活着？”这样，孩子们习惯了这种方式之后，也就能自由地问他们自己这样的问题。做一个负责任的成年人，就是始终对人应该怎样活着这个问题保持开放。“这是不是我最喜欢的生活方式？”这样，我们的生活就一直是孩子的榜样。不管我们是否喜欢，生活都会告诉我们：“人就应该这么活着。”

我对孩子的责任感促使我不断地行动，不断地以这样一种方式来展示自我和引导自我：要让孩子能从我的身上看到一个成熟成年人的形象。

这就是我们必须向孩子学习的方面。我们一定要做一个更好的学习者，因为孩子们也在向我们学习。

孩子是天生的宽恕者

我们必须永远为真正的教育努力奋斗，不辜负孩子们给予我们的信任，不滥用他们的原谅和宽恕。

我的太太，一位母亲，也是一位老师，看了我的书稿之后对我说："这像是在说我，让我感到惭愧。"是这样的。写这本书的时候，我也时常觉得找不到一个很贴切的词来很好地描述什么样的人才是一个真正称职的父亲、真正合格的老师。对此，我们该怎么办呢？

一方面，我不相信自我否定，那其实是在放纵自己。父母和老师都太忙了，没有时间对以前的失败一再懊恼。我们必须尽我们最大的努力继续前行。

另一方面，我不想无视我的过去，继续犯同样的错误。经常反省过去对孩子的不当言行，帮助我领会教育学的真正意义。一个从我多年的教育生涯中总结出的概念——"反思性的教育实践"——在我脑海里翻滚。"反思性实践"指的是不断地思考"什么是教育"，不断地以教育学的标准衡量我的行为。“教育实践”指的是一种充满机智的行动和充满行动的机智。

总之，作为一个教育者，我们必须在与孩子们共同的生活中不断地行动。我们可以外出片刻，可以有点个人时间，离开孩子们一会儿。但是，即便如此，我们也没有真正离开他们的生活。一朝为父母，永远是父母；一朝为老师，也永远是老师。

那么，如果觉得自己是一个不称职的母亲、父亲或老师，我们应该怎么做呢？我们必须更仔细地观察孩子们。这也是整本书一再强调的。孩子是天生的宽恕者。当然，这促使我们承担起责任，努力做一个好家长、好老师，从某种意义上说，这项任务很紧迫。作为父母或老师，我们意识到了如此无条件的原谅和宽恕，这让我们愧疚。我们必须永远为真正的教育努力奋斗，不辜负孩子们给予我们的信任，不滥用他们的原谅和宽恕。

的确，孩子是天生的宽恕者，宽恕父母是因为爱他们。无论我们怎样来估量孩子对父母的爱都不会过分。一个孩子可能在身心上受到过伤害，但是和父母重新建立爱的愿望永远也不会在他的心中消失。孩子们渐渐长大，他们独处的时间会更多，评判父母的失败和不足会更频繁。但是这些感觉通常都会消散，这时的宽恕源于“理解”。

这个道理同样适用于老师。老师处在替代父母的位置上，利用最原始的亲子关系中孩子总想要取悦父母的愿望，不断地形成和加强师生关系。在一些重要方面，老师就像父母。年轻人需要老师理解他们，信任他们。老师的理解和信任对孩子们的人格、学习和成长的影响是不可估量的。

是的，教学是一项教育性的任务。① 但是有时，老师在处理师生关系时难免会犯错误或判断失误。重要的是，学生是怎样体验老师的关爱的。一位有责任心和爱心的老师始终能与学生们和谐地相处。

与常言正好相反，宽恕并不一定代表着忘记。宽恕有它自身的教育意义：通过爱和理解恢复父母与孩子的关系，恢复老师与学生的关系。

---

① 参见范梅南的著作《教学机智——教育智慧的意蕴》，教育科学出版社出版。

教学的情调

每一堂课都是有生命的。学生不是容器，而是一个个鲜活的生命体。

每一堂课都是有生命的。学生不是容器，而是一个个鲜活的生命体。课堂里的老师和学生由于共同的学习和生活会在课堂里面形成一种氛围和气氛。

今天是一个阳光灿烂的日子，李老师的心情很不错，她带着一大堆批改好的作业本，面带微笑轻快地走进教室。和往常一样，同学们期待的目光和良好的秩序让她感受到一种教学的冲动。她满意地注视着班上的每一个学生，希望自己的情绪能感染大家。事实也确实如此，这节课学生们表现得十分踊跃，李老师得到了积极的回应。

有些时候，情况正好相反。

詹姆斯老师刚和太太闹了点小矛盾。他的心情不好，而教室里的所有情况也都让人感觉不对劲，也许前一节课的影响还未散去。学生情绪低落、老师心情烦躁，课堂就像生了病的人一样。原来课堂教学也有它的脾气！

所有这一切，都需要老师细心地体会和敏锐地观察。

机敏的老师可能会告诉你，一走进教室，他就能觉察到这个教室的味道。比如，哪些学生是男女朋友关系，哪些学生由于父母不和而时常情绪低落，哪些学生的桌上总是整理得干净整齐，哪些学生好动爱说话。敏锐的老师能感觉到他们是带着一种抵触的情绪、一种低落的心情，还是满心期待走进教室的，这就是课堂的生命。沉寂的课堂可能在对你说："瞧，这个老师又来了！浪费时间！真烦！"抑或是在对你说："老师快点上课啊，我们很喜欢听您的课！"

教室里面的布置，如书本摆放的空间、光线的明亮程度、墙上的装饰，以及学生们的表情和细微的动作、老师此刻的心情甚至眼神等，这一切构成了教学的情调，为接下来的教学埋下了伏笔。

优秀的老师会关注课堂里学生的生活体验，对课堂里的教学活动有一种特有的敏感，并能捕捉到每一个细微的心绪变化，以随时调适自己的情绪、讲授和互动的节奏。

现实中，大学里许多老师连自己班上学生的名字都叫不出来，又怎么谈得上去关注课堂里的生命，照顾到学生的个体差异，实现生命课堂呢？这样的老师不在乎学生的学，他在乎的仅仅是完成教学计划中的教学任务而已。学生是不是能学会，有哪些担忧，某一个具体的学生究竟出了什么事影响了学习，都不是他要关心的事。幼儿园、小学和中学的情况要稍好一些。老师与学生接触的时间多，记不住学生名字的老师不多，但真正了解班里每一个学生的老师，将课堂里面的每一个学生视作独特的个体进行理解的老师太少了。

期望老师永远带着好心情来上课是不现实的。现实中上课的老师，像常人一样，也有心情的起伏。课外的琐事，以及家庭、朋友间的一些烦恼事也可能被带进课堂。我们不指望老师是一个完人。每一位老师，都可能犯错。但重要的是我们要意识到这个课堂里个体生命的独特性和教学的“情调”，这样才能奏出教学的美妙音符，让课堂的生命力迸发出来。

发展教育的机智

我们需要不断提醒自己，教育是一种与人相处的学问，一种成年人与孩子相处的学问，所以从这个意义上说，教育的智慧和敏感性比教育的技术性更加重要。

教育学在欧洲大陆和中国传统的教育哲学思想中不仅意味着“教”，还意味着“育”。教育学本质上既不是一门科学也不是一门技术。然而，研究者通常以一种实证的“科学”的方式处理和研究它。我们需要回到人类所体验的生活世界来寻求新的教育见解。

教育体验可以开启理解，恢复“体知”对生活世界的感悟。老师知道，课堂教学可以被预测、计划和管理，以更好地提高成绩。但好的老师还知道，课堂教学中的某些部分永远无法被计划和预测。老师有时候需要立即采取行动以应对突发事件。课堂是一个动态的、不断变化的情境，教学可能发生在任何时刻。这就要求老师具有特殊的素质：一种融入身体的敏感性、一种临场行动的教育机智与智慧。教师教育和教师专业发展文献往往特别注重新的课程学理论、教学策略和教育技术的获取及培训，而忽略了某种教育敏感性和智慧的培育及养成。

机智的老师

童年早已悄然而逝，眨眼间十几年过去了。已是一名小学老师的我，在自己平凡的岗位上整天忙碌着。然而，闲暇之余，却常不免双手托着两腮，不无留恋地回忆着充满欢笑的童年足迹。尤其有那么一件事，令我难忘，甚至影响着我的教师生涯。

那是小学四年级的一次语文测试，一向自信的我满以为定能考取前三名。可成绩通报下来，却与我的预想差了一大截。当试卷发下来时，我发现一个十分的题我原本是能做出来的。考试时为什么那么粗心呢？强烈的虚荣心驱使我拿起橡皮，擦去错误的答案，填上正确的答案，然后竟颤抖着拿着试卷让老师帮我加上分数。当时慈祥的李老师没点破我，还若有所悟地说：“哦，或许是我错了，有错就改嘛。”他帮我加上了分数，还加了一句话：“人就该诚实，对吗？”分数加上了，可老师意味深长的话却着实让我不安了一阵子。当然，最后我还是向老师坦白了事情的前前后后。

当时作为学生的我对老师那种教育学生的方法真是佩服至极：能于无形之中教育学生诚实为人，在不伤害学生自尊心的同时让学生自己领悟。从那件事以后，老师在我心目中的形象就变得崇高而伟大。今天的我也已是一名老师，那件往事一直鞭策着我做一名好老师，不仅教给学生知识，更要教育学生做人。

也许，这是一件微不足道的小事，在很多人看来不足为奇。我却觉得十分好奇：这个孩子为什么将这么一件“小”事记得如此清晰？这个老师究竟有什么独特之处？

一个学生从座位上走出来，来到老师的办公桌前，说老师改错了，希望老师给自己加分数。这样的故事太常见了！我们在日常的教学当中经常遇到这样的“小”事。这位老师睿智而敏感的回应对孩子产生了正面的、长久的积极影响。可是，这样做公平吗？对其他的孩子又会有什么影响呢？如果这是一个高风险的决定性测试，这种做法显然是有违教育公平的。可如果是一个小小的单元测试又会怎样呢？公平与否看来远没有我们想象的那么简单！一个机敏智慧的老师对“公平”内涵的把握是十分细腻的。还有一个潜在的问题，那就是，这位老师敏锐的处理方式对这个“自尊心很强”的孩子起到了很大的正面作用，但如果这个孩子是一个“厚脸皮”的孩子，这样做的结局又会如何呢？这位老师的行动是有意的吗？还是有意似的无意？抑或是无意似的有意？一位好的老师不可能记不住自己批改过的作业。学生拿着修改过的试卷让老师改分数，手也在颤抖，敏感的老师很容易发觉。

智慧的老师有这样一种本事：能够非常细腻地理解这个孩子在这个时候的体验，从而即刻回应“对这个孩子，此时此刻我该怎么做才是最好的”这一问题。

不机智的老师

回到我曾经上过的小学，那一幕又清晰地在我的脑海里浮现，我永远也忘不了。

那是一堂数学课。王老师正在向同学们解释关于“直线、射线和线段”的概念，同学们都在聚精会神地听着。讲完之后。王老师问我们还有没有问题，如果有的话，就提出来。我猛然想到了一个问题，觉得很好，于是举起了右手。

“王老师，为什么‘射线’只有一点而不是两点呢?”我歪着头，认真地问道。提完问题之后，我对我的问题很是自豪，期望老师能够表扬我动脑筋了。然而，整个教室一下子变得鸦雀无声。接着，我听到同学们的嘘声。我感到不安了，希望老师能够快点儿给我答案。

只见王老师的脸由晴转阴，最后变得铁青。啪！王老师突然猛地一拍桌子，大声训斥道：“你为什么有两只眼睛，而不是一只眼睛?！为什么你叫崔琴，不叫崔牛、崔马呢?！”

全班同学顿时哄堂大笑。我被他的回答和如雷咆哮吓得目瞪口呆。眼泪在我的眼眶里打转。我不知道我是怎么坐下来的。我的耳边全都是嘲讽的声音。我忍不住趴在桌上哭了起来。

从那以后，我在那所学校多了一个外号。那年我才九岁。

对这个体验的描述来自我偶然阅读的一本优秀儿童作品选。这位初中生在命题作文“最难忘的一件事”中写出了自己在一个课堂上的真实体验，它触动了我。我想，它之所以能被收录到那本优秀作品选中，也许正是因为它的真实触动了评选人。

我们首先需要问自己的是：一个主动举手提出问题的孩子提问时的体验是什么样的？也许孩子提的问题与所学的书本知识无关？但是她在好奇什么？她究竟在问什么？她有什么样的期待呢？也许她在乎的并不是一个真正“正确的”答案？一位智慧而敏感的老师会关注个体的这类体验，从而在“此时此刻”（now and here）做出一个适切的行动。

从老师的视角来看，一个在全班同学面前突然被学生问住了的老师当时的体验又会如何呢？那要看这位老师是什么样的老师了。那种认为自己在学生面前就是知识权威的老师，也许会觉得自己的知识权威受到了挑战，自己在学生面前丢了面子。一位持有完全不同的教学理念，认为教学就是培养学生提问的能力、学习就是做“学问”的老师，也许此刻的体验会大不相同。

一位智慧而敏感的老师能更多地意识到课堂里每一个个体的独特性，对个体的体验保持敏感，从而至少会对学生的提问表示赞赏和嘉许，鼓励而不是扼杀孩子的好奇心。相对于给出这个问题的正确答案而言，这更重要。

至于老师能否给出一个正确的答案，这是另外一个问题。在当下的极速互联网和知识生产已经开始自动化的时代，老师的知识权威已经受到了前所未有的挑战。许多老师有一种不安全感。这其实没有什么可以畏惧的。在现在这个信息发达的社会，儿童有时知道的比老师还多，这并不奇怪。作为老师，正如我们的学生一样，我们自己也需要不断更新自己的知识和提升自己的能力。我们需要不断提醒自己，教育是一种与人相处的学问，一种成年人与孩子相处的学问，所以从这个意义上说，教育的智慧和敏感性比教育的技术性更加重要。我们需要明白，教和育不是为了未来的生活，教和育其本身就是生活的一部分。我们应该让我们与孩子相处的生活变得更美好。

教育的智慧和敏感性不是与生俱来的，但同时又不是可以被“培训”出来的。技术性的手段并不能做到这一点。拿上面那个改考试答案的孩子的事例来说，老师机智的处理“技术”就是不可以被复制的。比如说，下一次，遇到了类似的情况，你仍然这样处理就不一定有效。也许你下一次遇到的是一个天生调皮的男孩，自尊心也不似这个女孩那样强，这样的软处理可能就没有效果。或许下一次的考试，不是一个小小的单元测试，而是一个决定所有升学者的命运和前途的考试，“随意地”加分就严重违背了教育的公平。这样看来，好老师的智慧行动有时候也是有风险的，但一位好的老师会愿意为了孩子冒险。

教育的智慧需要一种反思的能力，需要我们关注教育生活的体验，不断去质疑自己的立场，时常想一想：这样的体验是什么样的呢？教育的智慧可以被唤醒，却不可以被技术性地培训。读了这个小故事后，下一次遇到了类似的情形你会怎么做，这一点我无从知晓。但有一点是可以肯定的，那就是，下一次遇到了类似的情况，你至少会想一想：我该怎么做对这个孩子在这个情境中才是最适切的呢？

我们的文化不止一次被称作“技术的”文化。技术性的思维方式成了几乎所有文化和教育领域活动的基础、动力和标志。这种文化与过去的历史相比有诸多优势。但是反过来也一样。由于技术性思维的泛滥，我们开始遭遇越来越多的教育问题和威胁。

智慧的教育学就是这样一门学问，它具有独特的人文视角。在智慧的老师眼里，教育的对象不是容器，而是教育的主体，是一个个鲜活的生命体。教育，就是成年人与孩子相处的一门学问。教育就是一种影响，是一种影响施加到另外一种影响上，让影响产生影响的过程。

教育现象学是一门探讨成年人与孩子如何相处的学问

我们必须时刻保持一种对生活的好奇，即使是对于我们习以为常的东西也应如此。

《教学机智》《生活体验研究》《儿童的秘密》《实践现象学》等著作的中译本推出后，中国教育研究领域掀起了一股教育现象学的热潮。在中国、韩国、日本等亚洲国家，越来越多的教育学者和一线教师在谈论教育现象学，尝试着用教育现象学的方法来进行教育的行动研究。许多关心教育实践的学者和中小学教师纷纷来信提问：应如何来理解以人为本、人文科学视野中的教育现象学？教育的机智是什么？我们如何按教育现象学的方式从事教育及教育研究？

为了回答这些问题，我们尝试从以下几个方面展开讨论。

什么是教育现象学

生活中我们可能会对很多的事情感到好奇。比如说，以考试为中心的课堂教学是什么样子的？儿童迷恋网上游戏又是一种什么样的体验？当我们十分投入地阅读一本好书的时候，我们体验到的是什么？诸如这样的好奇，我们每个人都会有。

我们的教育生活中常常发生许许多多的“小”事。比如说，老师的一个眼神，一句赞誉的话，一个手势，一次座位的安排，等等。这些对孩子产生了莫大的影响。这是怎么回事呢？我们对这些好奇过吗？

教过多年书的老师都可能会有类似这样的经历：一个二十几年前教过的学生有一天突然拎着一大袋水果跑来见你：“老师，您记得吗？您曾经在一次班会上说我很棒！我到现在还记得！”

有时候，我们对教育生活中的这种看似普通的现象逐渐地不那么好奇了，看得多了也就视而不见了，显得麻木不仁，逐渐地想当然，从而丧失了对某些生活体验的敏感性。

教育现象学是一门探究教育生活现象及其体验的学问。它以日常生活为原点，让我们始终对教育的生活世界和生活体验保持一种敏感，保持一颗好奇之心。它驱使我们去探究日常生活体验的教育意蕴。教育现象学是教育学的一个流派，也是教育学的一个独特的人文视域。从这个视域来看，教育现象学实际上就是一门探讨成年人与孩子如何相处的学问。这里我特别选择使用“学问”而不是“科学”，是因为具体来讲，它更关注对生活体验的追问，像剥葱皮一样，促使我们对一层层包裹在我们体验之上的文化、历史、观念和思想进行质疑和反思，帮助我们摆脱理论和预设的概念，将我们的成见和已有看法、观点先搁置起来。按胡塞尔的说法，就是将它们先“括弧”起来、“悬置”起来。如果我们能直接面对学生的生活世界和生活体验，并对它们做有益的反思，从而形成一种对教育具体情况的敏感性和果断性，我们的教育生活就会变得容易了。

教育现象学让我们明白，对生活体验细致的描述和教育的智慧，与来自实证教育学、教育心理学和教育技术学等的教育结论及分析，对人类世界具有同样的昭示力量和指导作用。

教育现象学之所以产生并受到人文科学界的欢迎，引起广泛的关注，主要是因为其有以下几个方面的特点。

关注课堂的显性情况，更关注其隐性方面

在全球化经济浪潮的冲击下，教育决策者和研究者也开始倾向于用经济的观点和投资的观点来看待教育现象和问题。他们希望教育的过程和结果是可以量化的，希望投资的成果是看得见、摸得着的。因此，人们谈到教育似乎都只关注课堂上发生的实实在在的事情：教师是否完成了教学计划，学生学到了多少知识点、会做几道练习题，等等。这些显性的东西往往成为衡量一节好课、一位好老师的标准。但是，孩子在课堂上究竟有什么样的体验？老师所讲的是否对其产生了影响？诸如此类的问题却很少有人去关注和研究。教育现象学认为，比起老师在课堂上完成的任务，孩子的生活世界和生活体验更为重要，孩子在课堂上真正体验到的东西、真正受到的影响也许更富有教育意义。涉及课堂体验的教学活动无法通过观察和测量获得，需要聆听教师和学生的细致描述才能触及。因此，教育现象学不仅关注课堂的显性情况，更关注其隐性方面。

关注课堂内的情况，更关注课堂之外学生的生活世界

成年人和孩子的相处随时随地都可以发生，成年人因其作为成年人世界的代表而具有的对孩子的权威性，也无处不在地对孩子产生着影响。这种影响既可以发生在课堂上老师教给孩子知识的时候，也可能发生在课堂之外，如课间老师的几句话、校园内老师的一个关注的微笑、家中爸爸一个会意的眼神等都可能对孩子产生深刻的影响。因此，教育现象学不仅仅关注课堂里的情况，它更关注课堂之外学生的生活世界，关注孩子所有的生活体验。

关注教之“学”，更关注教之“育”

教学和教育的关系问题一直是教育学中一个有争议的问题。有人认为：学校里教师的任务就是教“学”，要教给孩子知识；而父母的任务是教“育”，要教会孩子生活。在一些西方国家发起的教师专业化运动中，教育行业的分工越来越细化和标准化，进而人们试图将教

学和教育分开，这反映在一些对教师职业操守的描述中。但在现实的教学生活中，一位好的老师总是无法将教学和教育分开，他总是情不自禁地关注孩子的成长，总是在孩子需要的时候、在孩子向成年人发出召唤的时候给予其及时的关心和帮助，往往在教“学”的同时也教给了孩子生活，进行了教“育”。优秀的教学只有在教师与学生建立起良好的教育学关系的情境下才能发生。教育现象学强调一种为人师长和为人父母的和谐关系，指出在某种意义上教师有“替代父母”的责任，强调要达成教之“学”与教之“育”的统一，并更强调教之“育”，强调教育的规范性。教育的本质主要是一项规范性活动，而不是一种技术或生产活动。这种规范性不断地期望教育者以一种正确的、良好的或恰当的方式从事教育活动。

关注教师工作的技术层面，更关注教师的实践智慧，即教师的教育机智

在现代西方技术文化的沉重束缚之下，人们多关注教师工作的技术层面，教师教育、教师培训等也多重视技术层面，而常常忽略教师的实践智慧——教育机智的养成。仅仅拥有技术层面的知识和能力能否成为一位好的教育者呢？1802 年，赫尔巴特在关于教育的首次演讲中曾说过："你究竟是一名优秀的教育者还是一名拙劣的教育者这个问题的答案非常简单：你是否发展了一种机智感（a sense of tact）呢？"乌申斯基指出："如果教师缺少了所谓的教育机智，那么无论他怎样研究教育理论，他也永远不能成为一个优秀的实践性的教师。"可见，教师除了要拥有技术层面的知识和能力，还必须形成一定的教育机智。教育现象学就是要关注教师的实践智慧，把教育机智这一长期被人们忽视的内容推向认识和研究的前台。

关注现象学哲学的理论，更关注现象学方法在教育中的实践

教育现象学以现象学哲学为基础，运用现象学的方法对教育现象进行研究。但是，作为教育现象学者，我们除了要了解现象学哲学的理论知识，掌握教育现象学的基本原理，更要关注实践，运用现象学的方法去理解教育生活的体验。教育现象学自其产生之日起，就保持着一种独特的生活实际取向——一种生活实践的取向。因此，教育现象学的研究不仅仅关注现象学哲学的理论和思考，更关注现象学方法在教育生活中的实践，关注成年

人与孩子相处时双方的真实体验。教育学是一门实践性学科。一方面，教育者需要为了儿童的幸福随时准备站出来并接受批评。另一方面，教育学是一种自我反思的活动，它必须愿意随时对它所做的和所代表的进行质疑。

教育现象学做什么

教育现象学将教育学看作一门探讨成年人与孩子如何相处的学问。这门学问可以增强成年人对教育情境的敏感性，使成年人意识到孩子在此时的情境中有什么样的成长需要，并在瞬间做出决定，采取此时最有利于孩子成长的行动。这里暗含一种思想：我们希望通过努力，让成年人与孩子更好地相处，从而促进孩子身心的健康成长。具体来讲，教育现象学应该做些什么？教育现象学又能够做些什么呢？

彰显教育中的人文关怀

教育和教育研究本就是离不开人、在人与人的交往中发生的。但受科学主义的影响，教师教育中我们过多关注技术层面的培训，专注于研究如何把书本内容更有计划、更高效地灌输给孩子；教育研究则往往使用量化的方法，要求研究者置身事外，多用抽象理论的演绎和量化资料的描述代替对鲜活生活体验的关注，试图如自然科学那样追寻客观真理和普遍规律。因此，我们在教育和教育研究中看到的多是“抽象的人”和“客观的事件”。教育现象学所要做的，首先是还教育以本来面目，彰显教育中的人文关怀，体现其浓郁的人文色彩——关注具体的人，关注具体人在具体教育情境中鲜活的生活体验，即关注人的独特性。教育现象学认为，即使在同样的情境中，不同人的体验也是各异的，因此，教育现象学关注具体人在具体情境下的独特体验。

教育现象学通过对生活世界中人的独特性的关注，重新寻找生活的体验。其目的是，在试图追踪原初体验的过程中，唤醒人对生活的真实体验，并反思和质疑包裹自身的各种文化、传统、规定、理论、规则等的有效性与合理性，由此打开生活的禁锢，看到生活的各种可能性。

教育现象学是一种以人为本的研究方法，这里包含如下三层意思。首先，以孩子为本。关注孩子的生活体验，即关注这个孩子在这个时候有什么样的体验，什么样的行动（或不行动）才是对这个时候的这个孩子最合适的。不管是一线教师还是教育研究者，也许都应该从孩子的立场出发，从孩子身心发展的需要出发，关注孩子的生活世界和鲜活的生活体验。其次，以教师为本。教育现象学的方法提醒我们，在开展教师教育，对教师进行培养的过程中，应该以教师为本，不仅要对其进行技术层面的培训，而且要注意提升教师的教育智慧，促进其教育机智的形成。最后，研究者要关注和认同自己的体验。作为教育现象学研究者，要有现象学的生活态度，关注自己的体验与反思，接受自身反思在研究中的价值和作用，积极地以自身的生活体验为基础进行探索和研究。

恢复和增强对生活的敏感性

长期以来，教育学研究的理论化、抽象化、概念化，使得人们失去了对孩子生活世界及生活体验的敏感性，使人们看到的仅仅是抽象的“教育物件”，而非“具体的孩子”。下面是我收集的一些具体的教育情境：

- 同学们正在欣赏毕业照片，“调皮捣蛋大王”文文却用力地撕扯着照片，眼看照片外面那层塑料保护膜就快被撕下来了。

- 老师在批改作业时，发现丽丽以前“大花脸”

似的作业今天竟出奇的整洁。

- 老师正在欣赏学生们整齐的作业，忽然发现晓林的作业没有做完就交上来了。

- 上课铃响了，小艺不愿意回教室上课，要继续做沙雕。

- 课间十分钟，易易挂在椅背上的外衣被人用圆珠笔写上了“傻子”二字，同学们纷纷猜测是谁写的。

- 自习课上，阿军又迟到了，只见他满头大汗，一身脏兮兮地喊：“报告。”

- 老师请腼腆的小华回答一个很简单的问题，但他一再说：“我不知道。”

- 语文公开课上，大家都不喜欢的建辉迟到了十分钟。

- 关于《丑小鸭》的课已进入尾声，一个孩子站了起来：“老师，我觉得丑小鸭没什么可高兴的！它本来就是从天鹅蛋里孵出来的，那它长大了自然就是一只天鹅嘛。”

- 老师提问时，胆小的佳佳举起了手，照着《跟我学语文》上的答案念了起来。

- 老师刚刚读完一个同学的优秀习作，教室里就响起了许多同学嘲笑的声音：“他的作文是抄的！”

- 中午收饭费时，一个小男孩焦急的声音传了过来：“老师，我的饭费丢了。”

- 儿童节联欢会上，很多孩子带了零食自己吃。

- 在讲泼水节时，有学生问：“傣族人民为什么还要过泼水节？他们泼呀，洒呀，那不是太浪费了吗？”

- 老师正在检查学生背课文的情况，浩浩不会背，却反问老师：“老师，你会背吗？”

- 一位年轻的老师在上公开课时，请同学们用“爱”组词。一个小男孩站起来，以响亮的声音说：“爱情！”

我们在教育生活中往往会面临无数类似的十分具体的情境，面对一个个独特的教育情境，我们是否会马上根据自己已有的知识或经验做出判断？我们是否会去问一问孩子，他当时的具体体验是什么？我们是否会尽量回到教育情境本身，去反思一下什么样的行为最适合孩子当时的情况，最有利于孩子的发展？

一位好的、机智的老师面对这样的教育情境时，会想一想孩子当时的体验，会回到教育情境本身，会发现并抓住教育时机，做出最有利于孩子身心发展的反应。这个反应也许是有声的行动，也许只是默默的关注或静静的倾听。总之，好的老师能对教育情境保持高度的敏感性。教育现象学的首要任务就是恢复和提高成年人对生活的敏感性，让我们对生活保持一分好奇。教育现象学教会我们始终对生活、对自己的生活、对他人的生活保持一种好奇和敏感。

让成年人生成一种特有的教育机智

一般认为，教师所需要掌握的知识包括学科知识、教学法知识、教育学知识、发展心理学知识、课堂管理知识、教育技术知识等。那么，熟练掌握了这些知识是否就足够成为一位好老师了呢？有些人可能学了很多儿童发展理论，了解了很多课程方法，也运用过很多教学策略，然而，这个人可能仍然是一位很糟糕的老师。教育现象学认为，优秀的教师还有一种比“知识渊博”更为重要的品质，即教育的敏感性与机智。我们通常说这种知识是一种“实践性知识”。但教育现象学认为，所谓“知识”（knowledge）是一种已经固化的、概念化的行动框架，而“knowing”是一种在具体情境中即刻行动的“知行”。它是一种瞬间知道该怎么做，一种与他人相处的临场智慧。学校生活、课堂生活中会有很多偶发、突发事件，面对这样的事件，机智的老师似乎即刻就能做出在那一刻对孩子较恰当的行为，这就是我们所说的教育机智。教育机智是潜在的、隐性的，是一种融入身体的“体知”。

那么，好的老师是天生的吗？教育机智是否可教？有没有什么技巧可以让我们成为机智而敏感的老师？教育现象学认为，好的老师确实具有一些天生的素质和能力。有些人天生就对他人的体验很敏感，很关心人、体贴人，事事都会从别人的角度来考虑，因而很容易受人爱戴、敬重。而有些人却事事以自我为中心，根本不考虑别人的感受，更不用说去关心别人了。有一点我们必须明确：教育机智虽然不是简单的情感或可以学习的习惯，但它可以通过更为复杂深奥的人性的成长、发展和教育过程而形成。比如，我们可以通过对关于教育体验的小故事的文本阅读和反思来生成教育机智。

当我们阅读关于教育体验的小故事、提出问题时，其实我们已经在做一件事情：反思！而反思是我们增强敏感性、生成教育机智的必经之路。虽然我们无法保证阅读了关于教育体验的小故事、进行了反思，遇到类似的教育情境时我们就能做得更好，我们也无法技术性地指出如何才能做到“机智”，但有一点我们可以肯定：阅读关于教育体验的小故事之后，再遇到类似的情况时，我们会产生一种敏感性，会去思考孩子当时有一种什么样的体验，怎样做对孩子更好。

教育现象学所做的，是希望唤醒人们对生活世界中的生活体验的敏感性，给感兴趣的教育者施加一种影响。但我们并不强求这种影响一定要产生，一定要改变人们的行为，因为我们知道，每一个个体都是独特的。这是建构主义的观点，也是教育现象学的态度。

教育现象学如何做

教育现象学受到广大一线教师和教育研究者的关

注。他们对教育现象学感兴趣，可能缘于人们看到了这门学问的价值所在，即教育现象学是一门新型的迈向智慧的教育学。诸如“智慧校园”“智慧教室”“智慧课堂”“智慧学习”之类的“智慧教育”已逐渐见诸中小学的教育话语之中，而有关智慧的、机智的教师的研究却被学者们所忽略。教育现象学正体现了在这种大环境下对教师的另外一种期许，对学生主体和个体独特性的具体关注，它促使我们以一种全新的方式进行教育和教育研究。

按照教育现象学的方式从事教育

保持对生活的好奇和开放

作为一线教师，也许我们掌握了深厚的专业知识，具备了教育学、心理学、教学方法等知识，也许我们还从事过多年教学工作，拥有丰富的教学经验，因此，我们认为自己已经知道学生对于某个问题会有什么样的反应，学生的某种行为反映出了什么样的问题。但是，教育现象学则希望我们时刻保持一种对生活的好奇，即使是对于我们习以为常的东西也应如此。保持对生活的好奇，要求教师保持一种开放的心态，不要妄加推测，更不能想当然，要努力避免用一个标准和传统的方式处理情况，而是要去问一问孩子，去思考一下。我们只有保持这种好奇心和开放性，才能真正了解孩子在当时的那种情境中会有什么样的体验，孩子的真正需要是什么，我们才能根据孩子的需要做出反应，采取适合孩子当时情况的行动。要将我们的大脑和心灵向对方的内心生活打开，我们就必须以爱护和关心为中心。

形成反思力

教育是一种自我反思的活动，它必须愿意对它所做的和所代表的随时质疑。因此，在教育现象学中，一个重要的方法就是反思。这里的反思主要有以下几种类型：行动前的反思（reflection before action）、行动中的反思（reflection in action）、对行动的反思（reflection on action）、行动后的反思（reflection after action）、对反思的反思（reflection on reflection）以及对鲜活体验文本的反思（reflection on poetic texts）。作为一线教师，我们拥有丰富的与孩子相处的生活故事，生活故事会激发我们的教育反思，通过教育反思我们会更好地理解教育生活。教育学的行动和反思就在于不断地识别对于某个具体的孩子或一群孩子来说什么是好的、恰当的，什么是不好的、不恰当的。换句话说，教育生活是一种不断地进行阐释性思考和行动的实践。通过不断反思，我们会逐渐形成一种反思力，这种反思力能提高我们对教育情境的敏感性，促使我们在面对具体教育情境时做出机智的行为。

按照教育现象学的方法从事教育研究

对生活现象保持关注

教育现象学的研究者更是实践者。这一方面意味着现象学研究要求研究者参与到丰富的生活中去，参与到生活中的关系和共同的情境中去；另一方面意味着研究者应积极地探究生活经验的所有形态和方面。因此，研究者应对生活世界保持关注，从生活现象开始，从日常生活中鲜活的生活体验开始，回到事物本身，保持一种现象学的生活态度。教育现象学方法是质性研究中的一种，也可被视作一种独特的行动研究方法，研究者本身参与教育行动，在行动中研究与反思，在研究与反思中行动，同时，教育的行动者也会参与到研究当中。因此，从某种意义上说，没有教育现象学的生活态度，就很难开展教育现象学的人文研究。

对话式的访谈

访谈是很多研究中都要用到的一种具体的采集资料的方法。访谈有多种类型，如已经预设好了访谈问题和提纲的结构式访谈，主要问题已经预设好的半结构式访谈，还有开放的对话式访谈。教育现象学中的访谈多属于开放的对话式访谈。运用这种开放的对话式访谈的主要目的是寻找对某种日常生活体验的描述，所以研究者与受访者需要在轻松的谈话中建立起信任关系，这样受访者才可以毫无顾忌地讲述自己的体验。研究者不重在提问题，而重在追问对体验的描述。现象学的提问（phenomenological questioning）主要以类似这样的方式出现：你是否记得某一次被老师表扬的经历？你还记得当时老师说了什么吗？你当时感觉怎样？可否再讲得详细一些？那是早上还是下午？上的什么课？……

这种访谈希望寻找到受访者（成年人或孩子）对当时真实体验的叙述。需要注意的是，在访谈中，我们要避免用方法限制问题，而应该依据问题的特性决定哪种方法最为合适。更具体地说，我们应该给受访者一个十分宽松的环境，通过自然的对话方式，让受访者饱含真情地描述对生活片段的体验，而不是像结构性访谈那样，按照预设的问题，逐个地询问受访者。

描述性的写作

描述性的写作是教育现象学研究方法的一个重要部

分。这个方法源于存在主义和现象学的哲学传统，将对话性的访谈和描述性的写作作为主要的收集生活体验的途径。对人们日常活动的适切研究必须在一个明确的哲学框架下进行，而这个哲学框架必须已经成熟，能清晰地解释人们的日常活动。而研究体验的方法必须是一种敏感的方法，能够表达人的体验和反思的细微之处。教育现象学的描述性写作使用的是感性语言而非科学性语言。语言是人类交流的重要工具。它是文化的载体。语言本身已经概念化，它能否描述出真实的体验？这个问题是学者们讨论得比较多的问题。教育现象学的描述性写作是在运用诗化的语言来捕捉、追踪、接近鲜活的生活体验。诗化的语言能够在体验与言语之间形成一种张力，让字里行间充盈着丰富的意蕴，洋溢着言外之意、弦外之音，从而使我们可以描绘、追寻事情的本原。当然，这种描述性的写作需要经过不断的改写，通过改写逐渐地、尽可能地接近和还原生活体验。

以上是对教育现象学的一些最基本问题的解答。要想更深入地了解教育现象学的原理、方法及实践，我们还需要广泛深入地阅读教育现象学方面的书刊。

后　　记

《教育的情调》几经周折，终于能够与广大的中文读者见面了。《教育的情调》一书来自范梅南教授最初的英文原著——*The Tone of Teaching*。这本英文原著于1981年在加拿大出版，随后引起了轰动，非常畅销，深受读者的喜爱。教育学的人文主义视角由此走近了北美的一线教师。此书供不应求，不断重印，北美许多著名大学的教育学院都将此书作为本科生和研究生重要的阅读材料之一。此书被翻译成了至少六国语言，在全球范围内广为传播。2004年，范梅南教授对此书做了修订。2015年，范梅南教授从加拿大的出版社那里收回版权，萌发了与我一同改写此书并在中国出版的想法，取名为《教育的情调》。

此书经过翻译、改写和添加东方的生活体验小故事，以《教育的情调》为名推出。它有两个主题：一是希望从技术主义、教条主义、后现代主义和全球化的消极影响中拯救“教育学”的思想，使之重新与责任、使命和情感联系起来；二是探索和提供一种对教育学的反思更加凸显生活体验本位的阐述，同时也探讨对生活世界中具体的教育时刻的理解。在阅读的过程中，我们可能会不断地反问自己以下的问题：教育者的教育机智何以必需，又何以可能？一位优秀的教育者是如何造就的？什么样的关系才是具有教育意义的关系？

这本薄薄的小书运用“教育的智慧性”和“教育的机智性”，来展示交互性教育实践所具有的一种微妙的、高度规范性的特征，同时也展示优秀的教育者需要具备的那种超越知识与技术的特殊品质。

“体验”是在教育现象学的作品中出现频率极高的一个词。在教育现象学者看来，以鲜活的、直接的生活体验为出发点，正是教育学所需要的。我们往往会对生活中的许多体验感到好奇。但有时，我们又显得麻木不仁，看得多了，见得多了，也就视而不见了，从而丧失了对生活体验的敏感性。这本小书就是想激发读者去重新寻找对生活的体验：在追踪原初的体验的过程中，唤醒自己对生活的真实体验，并反思和质疑包裹自身的各种文化、传统、规定、理论、规则的有效性和合理性，由此打开生活的禁锢，看到生活的各种可能性，进而让教育工作者和所有与教育相关的人意识到不能忽略人的体验，并以此为契机，重新思考种种教育现象，从而多一点敏感，多一点机智。

所谓教育现象学就是一门追问对教育生活中的具体现象之体验的学问。这里的“现象”指的是我们教育生活中具体的“情境”。这种情境涵括了生活世界中所有的人与人交往的时刻。当情境中的交互主体发生了具有教育意义的行为时，“教育现象”就产生了。在书中，我们尽量具体生动地描述教育生活体验中教育情境、教育关系与教育行动三者的微妙关系与相互作用。

教育现象学博采现象学各学派之长，形成了一种对教育生活世界的体验、存在、语言、伦理、解释这五个方面的独特的人文视角。这一人文视角的独特性归根到底在于它用“心”来“看”教育。

所谓用“心”“看”教育，首先就意味着必须走向儿童的生活世界。从教育学的焦点来看，最重要的问题始终是：儿童对这一具体的情境、关系和事件的体验是怎样的？只有通过这样的追问，成年人才会感受到儿童在有力地转变着成年人的自我感觉，感受到儿童对成年人的职业和个人生活所带来的转变。进入儿童的生活世界就是进入具体的体验，理解儿童的体验，并在儿童的心灵上留下痕迹。

其次，用“心”“看”教育也意味着必须承认，理智并不能够处理好所有的具体情境中的教学实践问题。在成年人与儿童的交往中，成年人时刻在区分什么对儿童合适，什么对他们不合适。这就需要老师用“心”而不是用“脑”来思考教育问题并实施教育行动，而用“心”思考和行动的关键是对他者此刻的体验保持敏感。教育学需要的更多的是实践性的“知行”，而不是理论化的知识。我们从生活中的具体体验出发，希望激发出一种反思性的智慧和情境性的机智，这种智慧和机智体现了我们整个身心的存在。

最后，用“心”“看”教育还意味着必须承认，所谓教育就是尊重儿童的个体独特性，优先考虑儿童的幸福。看待儿童就是看待可能性，由此，教育学就是一门迷恋儿童成长、探讨如何与儿童相处的学问。教育学的根本条件在于爱和关心、希望和信任以及责任感。

我们试图从“教育现象学”的角度，以教师、父母和学生的生活经验为原材料，对教育学的诸多方面进行深入浅出的反思和检讨，希望由此提供一个与目前流行的知识论教育哲学相对的另类思考。

李树英

Shuying Sean Li

出 版 人　李　东
责任编辑　赵琼英
版式设计　杨玲玲
责任校对　贾静芳
责任印制　叶小峰

图书在版编目(CIP)数据

教育的情调／(加)马克斯·范梅南，李树英著；李树英译．—北京：教育科学出版社，2019.9(2025.8 重印)
ISBN 978-7-5191-1979-9

Ⅰ.①教…　Ⅱ.①马…　②李…　Ⅲ.①教育研究　Ⅳ.①G640-03

中国版本图书馆 CIP 数据核字(2019)第 187585 号
北京市版权局著作权合同登记　图字:01-2019-5005 号

教育的情调
JIAOYU DE QINGDIAO

出版发行	教育科学出版社		
社　址	北京·朝阳区安慧北里安园甲 9 号	市场部电话	010-64989009
邮　编	100101	编辑部电话	010-64981280
传　真	010-64891796	网　址	http://www.esph.com.cn
经　销	各地新华书店		
制　作	北京金奥都图文制作中心		
印　刷	中煤（北京）印务有限公司		
开　本	787 毫米×1092 毫米　1/32	版　次	2019 年 9 月第 1 版
印　张	6.125	印　次	2025 年 8 月第 19 次印刷
字　数	89 千	定　价	39.00 元

如有印装质量问题，请到所购图书销售部门联系调换。